WESTEND

Zum Buch
Es ist typisch deutsch, nicht typisch deutsch sein zu wollen, und deswegen sind wir auch so darauf versessen zu erfahren, wie andere uns sehen. Glaubt man unseren Nachbarn, sind wir unentrinnbar mit Pünktlichkeit, Gartenzwergen und Biertrinken verbunden, wenn nach typisch Deutschem gefragt wird, vielleicht Goethe noch. Und das soll schon alles sein? Katrin Wilkens klärt auf.

Katrin Wilkens,
Jahrgang 1971, ist freie Journalistin, unter anderem für die *ZEIT*, den *Spiegel,* die *Süddeutsche, taz* und *Titanic.* Sie studierte Rhetorik und Kulturwissenschaften und lebt heute mit ihrem Mann und ihren beiden Söhnen in Hamburg.

Katrin Wilkens

50 einfache Dinge, die typisch deutsch sind

WESTEND

Mehr über unsere Autoren und Bücher:
www.westendverlag.de

Die Deutsche Bibliothek verzeichnet diese Publikation in der Deutschen Nationalbibliografie. Detaillierte bibliografische Daten sind im Internet über http://dnb.ddb.de abrufbar.

FSC
Mix
Produktgruppe aus vorbildlich bewirtschafteten Wäldern und anderen kontrollierten Herkünften
www.fsc.org Zert.-Nr. GFA-COC-001223
© 1996 Forest Stewardship Council

ISBN 978-3-938060-29-2

Typografie und Satz: Stefanie Silber Gestalten,
www.silbergestalten.de
Druck und Bindung: CPI – Clausen & Bosse, Leck
Printed in Germany

Inhalt

Landschaftskunde *87*

Wen man kennen muss *133*

Das Typische ist das Untypische

Damals, vor drei Jahren, da wäre es beinahe passiert. Wir Deutschen durften die Fußballweltmeisterschaft austragen, und für ein paar Wochen verwandelte sich dieses unser Land in einen Hort der Gastfreundschaft, der Leichtigkeit und des Frohsinns. Es war eine schöne Aufgabenteilung: Die Stars bolzten, dass die Schwarte krachte, und wir übrigen hatten nichts anderes zu tun, als es zu genießen. Jede Chefsekretärin, jeder Gemeinschaftskundelehrer, jeder Scheidungsanwalt pimpelte damals ein schwarz-rot-goldenes Fähnchen an sein Auto. Hach, es war herrlich, Deutscher zu sein. In Berlin ergoss sich ein Lavastrom aus Flirt, guter Laune und Feierwut über die sogenannte Fanmeile, und je näher die deutschen Fußballer dem Finale kamen, desto bescheidener konnten wir Deutschen gönnen. »Der Bessere gewinnt, so ist das nun mal«, fanden wir am Ende generös, als Deutschland im Finale verlor. Wir hatten in jenem Sommer etwas anderes, viel Wichtigeres gewonnen: die Erkenntnis, dass es sich prima lebt, wenn man beliebt ist und sich selber mag.

Dieser Zustand hielt nicht lange an, heute sind wir längst wieder »The Krauts«, diese komischen Kümmelspalter, die zwar Autos bauen können, aber vor dem Kochen auch jeden Knödel zum Grundwehrdienst schicken (damit sie nicht vor lauter Weichheit auseinanderfallen). Jeder Gartenzwerg hat ein Stehgerade-Diplom, und unser liebstes Hobby ist es, nach getaner Arbeit uns mit einem großen Glas Rotwein ins Wohnzimmer zu setzen und uns doof zu finden.

Wir Deutschen sind nicht cool. Das finden wir sogar selbst. Wir gleichen eher dem Klassenstreber, der nach zweimaligem Sitzenbleiben verstanden hat, dass es bei ihm nun um die Wurst geht. Der den ganzen Tag nichts anderes macht, als Hausaufgaben zu erledigen, Kreide zu holen und sich in der Pause mit dem Lehrstoff der kommenden Stunde zu beschäftigen. Nicht weil er will, sondern weil er weiß, dass dies seine alleraller-letzte Chance ist, bevor er von der Schule fliegt.

Als mein Mann und ich vor ein paar Jahren unsere Hochzeitsreise nach Neuseeland unternahmen, haben wir immer, wenn wir uns danebenbenommen hatten, freudig gelogen: »We are from Austria.« Auf keinen Fall zugeben, dass wir Deutsche sind.

Uns fehlt die nationale Selbstverständlichkeit der Franzosen, das schrullige, aber souveräne Eigenbrötlertum der Engländer, der feurig-fröhliche Stolz der Südländer, die gelassene Toleranz der Holländer. Wir sind die bemühten Deutschen.

Das hat natürlich Ursachen. Die eine liegt fast siebzig Jahre zurück und wird auch noch in sieben mal siebzig Jahren unser Verhalten beeinflussen. Wer für das schlimmste Verbrechen der Menschheit verantwortlich ist, wird lebenslang Schuld abtragen. Und sei es nur mit einem Bemühen, nie, nie wieder so etwas zuzulassen.

Auch der deutsche Föderalismus mag ein Grund für die fehlende nationale Einheit sein. Wir Norddeutschen finden die Bayern peinlich, wenn sie einmal im Jahr auf dem Münchner Oktoberfest die Krachlederne anziehen und zu DJ Ötzi brüllen. Die Rheinländer finden unsere hanseatische Zurückhaltung, mit der wir uns nicht einmal getrauen, auf der Toilette zu furzen, affig und freudlos. Die Ostdeutschen verstehen den Ruhrpott mit seiner archaischen Kraft nicht, dafür verstehen wir die Mentalität des Klagens und des Wünschens unserer jüngst erst dazugekommenen Landsleute im Osten nicht.

Wir nennen uns gegenseitig: Jammer-Ossi, Bazi, Frankfurter Würstchen und Elb-Schnecke.

Sie sehen, es geht in diesem Buch um Klischees. Um Stereotype, Vorurteile und die barfüßigen Versuche, eine Ursache beziehungsweise Erklärung dafür zu finden. Und als ob das nicht schlimm und banal genug wäre, es geht auch noch um eine *unvollständige* Aufzählung von Klischees. Durch leidvolle neun Jahre Lateinunterricht habe ich einen Grundsatz ganz tief zu meiner Arbeitsmaxime machen müssen: Mut zur Lücke. Das predigten alle meine Lateinlehrer, Frau Maack, Herr Grebe, Frau Daniel und Herr Klüting immer wieder. Und ich fürchte, alles, was ich mir vom Lateinunterricht merken konnte, war diese Weisheit.

Wenn es also Leser gibt, die den Bleistift zücken und ihrerseits ein Buch verfassen wollen: »50 Dinge, die Frau Wilkens vergessen hat zu erwähnen« – nur zu. Ich steuere gern ein paar Ideen bei: Nicht erwähnt wird die Vorliebe der Deutschen für Gartenzwerge, Würstchen und Fußballländerspiele. Auch kommen weder Helmut Kohl noch Martin Luther oder Karl Marx im Buch vor. Vergessen habe ich ferner, die Städte Stuttgart, Elmshorn und Wakendorf II zu erwähnen. Und wenn Sie mich jetzt mit Ihrem Bleistift aufspießen und fragen: »Und warum, liebes Frauenzimmer, haben Sie all dieses Wichtige weggelassen?« Dann antworte ich beherzt: Weil mein Verleger gedrängelt hat und nicht eine zehnbändige Reihe herausbringen wollte, sondern nur ein Buch.

Wenn man Länder kennenlernt, ist es so wie mit dem Kennenlernen von Menschen: Der erste Eindruck ist oft der entscheidende. Der Satz »schau auf die inneren Werte« ist meist vorgeschoben, denn unser Gehirn schafft es innerhalb von Bruchteilen von Sekunden, die sogenannten inneren Werte abzuscannen: Wie riecht der Mensch, was sagt seine Körperhaltung aus, wie sind Mimik, Gestik, Rhetorik? Heraus kommt dann ein Urteil, dass zwar schnell, aber oft erstaunlich treffend ist: Zicke. Macho. Blag.

So ist es auch mit den Ländern. Ein Wochenende in Paris, und schon kann man sagen, wie »die Franzosen« sind? Einmal in einem Amsterdamer Pilzshop und schon maßt man sich ein Urteil über »die Holländer« an, obwohl meist nur Touris die Pilze gekauft haben?

Ja, beziehungsweise: Ist das denn so schlimm? Lieber offen zu seinen Klischees, zu seinen Ansammlungen aller möglichen Vorurteile stehen, als sie stumm zu fühlen und sie damit wie ein Insekt in Bernstein zu konservieren: unbeweglich, aber für alle sichtbar.

Nehmen wir also für einen Moment an, wir Deutsche sind tatsächlich Europas Klassendepp. Kind reicher Eltern, aber unbeliebt und ungeliebt. Erinnern Sie sich, bestimmt kennen Sie einen solchen Fall auch aus Ihrer Schulzeit. Und was ist aus diesem Jüngelchen bei Ihrem letzten Klassentreffen geworden? Ein erfolgreicher Comedian (Oliver Pochers Eltern waren bei den Zeugen Jehovas, aus diesem Startmalus hat er sich erfolgreich befreit), ein guter Fußballer (Jürgen Klinsmann ist Bäckersohn – und heute Fußballguru), ein Schlagersänger (Peter Maffay hat eine eigene Olivenbaumplantage auf Mallorca).

Erst wenn wir anfangen, uns nicht mehr für unsere Verklemmtheit zu schämen, sondern statt dessen auf unsere etwas bemühte Art von Sorgfalt und Gründlichkeit, nein, nicht stolz zu sein, aber zumindest auch nicht peinlich verschämt, dann, ja dann könnte man vielleicht auch ein Buch herausbringen mit dem Titel »50 liebenswerte Schrullen der Deutschen«. So bleibt es aber vorerst bei der nüchternen Aufzählung. Vielleicht ist das schon unsere größte Schrulligkeit.

Charakter

I *Pünktlichkeit*

Die Deutschen seien pünktlich, heißt es. So unerträglich pünktlich, dass es nervt. Ein Sizilianer und ein Friese können sich niemals an einem Ort treffen. Ist der Italiener da, ist der Friese weg. Wie es sich mit diesem Klischee wirklich verhält, untersucht ein österreichischer Soziologe. Ganz ernsthaft und ohne jeden Elfenbeinturm-Flair. Zu wissen, wie schnell und wie pünktlich die Deutschen sind, hilft zum Beispiel der Automobilindustrie, moderne Autos zu entwickeln. Wie? Lesen Sie, zu welchen Erkenntnissen der Zeitforscher Klaus Atzwanger bei seinen spannenden Forschungen gekommen ist.

Die Gehgeschwindigkeitsuntersuchungsergebnisse Schritt für Schritt

Großstädte

Großstädte haben eine höhere Lebensgeschwindigkeit als Dörfer, was aber prinzipiell erst mal nichts über den Geschwindigkeitscharakter der beiden Destinationen aussagt – sondern nur über ihre Bewohner. »Jüngere Leute und solche, die ein beschleunigtes Leben lieben, ziehen eher nach Berlin als nach Ottersberg. Also ist Berlin, relativ gesehen, mehr mit Schnelllebern bevölkert als Ottersberg. Und die wiederum beschleunigen und *›verschnellen‹* das Lebenstempo einer eh schon schnellen Stadt. Das ist der große Forscherfehler der vergangenen Jahrzehnte gewesen, dass man meinte: Große Städte sind automatisch schnelle Städte – ohne sich die Bevölkerungsstruktur genauer anzusehen. Jede Stadt wird schneller, wenn überproportional viele junge Menschen in ihr leben. Auch Ottersberg«, erläutert Klaus Atzwanger.

Nord-Süd-Gefälle

Man kann ein deutliches Nord-Süd-Gefälle bei der Lebensgeschwindigkeit ausmachen. Im Norden geht man prinzipiell schneller. Und wenn jetzt Münchner unken: Die müssen ja auch zusehen, dass sie vor dem nächsten Regen wieder ein Dach über dem Kopf haben – damit hat es nachweislich nichts zu tun. Denn bei gleicher Temperatur und bei gleichem Wetter sind die Hamburger dennoch schneller als die Münchner. Viel mehr als die Temperatur spielt das *Klima* eine wichtige Rolle. »Eine entscheidend wichtigere als Temperatur und schlechtes Wetter. Das Klima prägt Menschengemüter. Im Süden ist die Lebensart generell etwas gemäßigter«, sagt Atzwanger, »man sitzt mehr in Straßencafés und arbeitet etwas langsamer. Langsamer, aber nicht ineffizienter.«

Status Männer

Man(n) geht nicht schneller, wenn man es eilig hat, sondern wenn man einen hohen Status innehat. Offensichtlich hat ein großer, raumgreifender Schritt etwas mit der Verkörperung von Agilität, Gesundheit und Macht zu tun, nicht umsonst üben Soldaten diesen männlich-pervertierten Gleichschritt. Charles Darwin fand: »Ein Mann, der eine Stunde verschwendet, hat den Sinn des Lebens nicht entdeckt.«

Früher war bei der Jagd ein schneller (= gesunder) Schritt ein wichtiger Erfolgsfaktor. Natürlich gilt die Formel »je schneller, desto protz« nicht endlos. Bundeskanzler, Könige, Päpste und Popstars können es sich schon wieder leisten, gemessen zu schreiten. Die Macht haben sie eh. »Die Pyramidenspitze läuft uns Wissenschaftlern nicht profan vor die Füße«, sagt Atzwanger, »diese Berechnungen gelten nur für die gehobene Mittelschicht.«

Interessant wäre herauszufinden, ab welchem Machtgrad die Geschwindigkeit umkippt, ab welchem Dienstgrad sich die Männer also wieder angewöhnen, langsamer zu gehen. »Das wird man seriös nicht ermitteln können«, bedauert Atzwanger. What a pity.

Status Frauen

Komischerweise spielt bei der weiblichen Gehgeschwindigkeit der Status keine Rolle. Früher, zu Rudelzeiten, war es die Aufgabe der Frauen, die Kleingruppen beisammenzuhalten, ein kreisender Radarblick war nötig und kein zielgerichteter Jagd-Kampf-Flucht-Gang.

Auch dient es der Paarung und damit der Fortpflanzung, wenn sich Frauen beim Gehen eher präsentieren: Ein weiches, schwingendes Becken signalisiert dem Mann Gebärfähigkeiten. »So wie der Militärschritt bei Männern die übertriebene Gangart ist, ist es bei Frauen der Prostituiertenschritt, der sich beim Gehen anpreist. Automatisch drehend, schlenkernd, verschwenderisch in den Körperbewegungen«, sagt Klaus Atzwanger. Außerdem, so fügt er hinzu, würden die Frauen seit alters kontrolliert und an das Rudel gebunden. »Es ist kein Zufall, dass die Schuhmoden Modelle hervorbringen, die den Fuß einer Frau betonen, sie aber bei der Fortbewegung extrem hindern.

Stöckelschuhe, Flip-Flops, geschnürte Sandaletten. Das hat ganz archaische Gründe, deren Ursprung viele Tausend Jahre zurückreicht.«

Gemüt

Dass Depressive einen schleichenden Mir-doch-egal-Gang haben und Schnellgeher Herzkranzgefäß-Krankheiten bekommen, kann man in jeder Einkaufszeile selber beobachten. Dass aber das Gemüt der entscheidendere Geschwindigkeitsfaktor ist als ein dichter Terminplan, ist ein Faktor, der selbst die Wissenschaftler erstaunte. »Nach diesen Ergebnissen empfehlen Psychologen depressiven Patienten deswegen so eindringlich das regelmäßige Joggen«, sagt Klaus Atzwanger. Weil das Joggen auf zwei Ebenen heilt. Zum einen werden körpereigene, glücksbringende Endorphine ausgeschüttet, zum anderen überträgt sich aber tatsächlich auch die Schrittlänge des Joggens auf die Alltagsgeschwindigkeit. Joggen verlängert und beschleunigt den Schritt, so dass man mit regelmäßigem Lauftraining buchstäblich beschwingter durchs Leben marschiert, als wenn man nur rudern oder turnen würde.

Wirtschaft

Je gesünder die Wirtschaft eines Ortes, desto höher sein Tempo. Schon die Sozialforscherin Marie Jahoda hat 1929 in ihrer Untersuchung *Die Arbeitslosen von Marienthal* an einem kleinen Fabrikdorf nahe bei Wien gezeigt, wie gravierend die Beschäftigungsquote das Lebenstempo bestimmt. Als die Firma schließen musste und mehr als Dreiviertel aller Marienthaler plötzlich arbeitslos wurden, hat sich auch das Tempo der Stadt signifikant verlangsamt. Nun sind die norddeutschen Städte aber heutzutage ärmer als die süddeutschen, warum sind sie dann trotzdem in Untersuchungen schneller? »Weil multifaktoriell auch das Klima eine Rolle spielt«, erklärt Zeitforscher Atzwanger, »und die Temperatur und die Architektur.«

Politik

Der Wissenschaftler Robert Levine hat sogar herausgefunden, dass »in individualistischen Kulturen man sich schneller bewegt als in vom Kollektivismus geprägten«. »Viele Forscher sind der Überzeugung, dass die Zeitverschwendung eines der Grundleiden war, die schließlich zum Zusammenbruch der Sowjetunion führten«, schreibt er in seinem Buch *Eine Landkarte der Zeit*.

»Das Schwierige ist das Gegeneinanderberechnen dieser Faktoren«, sagt Atzwanger. »Zählt der Faktor Sozialismus mehr als das Nord-Süd-Gefälle oder die Wirtschaftskraft? Was beeinflusst die individuelle Gehgeschwindigkeit eines Menschen am meisten? Ich könnte mich heute noch beißen, dass man keine Untersuchungszahlen über einen DDR-BRD-Vergleich hat. An diesen beiden Staaten hätte man alles auseinanderdividieren können: Wie wichtig ist die Politik, eine gesunde Wirtschaft, eine andere Kultur? Und wie schnell passt sich bei einer Zusammenlegung der eine Staat an den anderen an?«

Seien Sie also großzügig, wenn Sie kein Deutscher sind und uns pingelig pünktlich finden. Seien Sie ebenso großzügig, wenn Sie Deutscher sind – und sich mit einem Sizilianer treffen. Schließlich können wir beide nichts für unser Klima.

2 Scham

Von allen sekundären Untugenden haben wir Deutschen eine ziemlich beknackte: Wir schämen uns, bis die Schwarte kracht. Das Dumme am Schämen ist, dass es niemandem nützt. Es gibt keine Absolutionspein. Keinen reservierten Platz im Himmel (so wie wir's vom Urlaub kennen: Handtuch drauf und: meins!), wenn man auf Knopfdruck rot werden kann.

Andere Länder, andere Sitten. Manche sind prüde (Frankreich), spießig (England), schlicht (Dänemark), wir sind Schamweltmeister. Nicht nur, weil es in unserem Land das größte Verbrechen der Menschheitsgeschichte gab, aber sicherlich hat der Holocaust auch stilbildend dazu beigetragen, dass wir auf absehbare Zeit nicht schamfrei mit unserer Identität umgehen können. Das Unerklärliche ist aber, dass wir uns noch für tausend andere Dinge schämen, die sonst kaum ein Stirnrunzeln wert sind: Rückenendtattoos, Nutella am Mund, Speck am Bauch. Müsste der liebe Gott Petrus erklären, was ein typischer Deutscher sei, er nähme etwas Lehm und formte daraus eine Locken-ondulierte Mittdreißigerin, die aufkreischte, wenn sie bei der morgendlichen Wäsche ein Härchen unter den Achseln fände. Er bliese ihr Odem ein, so dass es ihr peinlich wäre, wenn die Nachbarin sie in einem Negligee mit Lochfraß sähe, und schließlich säße sie mit ihren Arbeitskolleginnen beim Kantinenplausch und würde »Also ich schaue am liebsten Arte« lügen, weil sie es peinlich fände zuzugeben, dass sie in Wahrheit DSDS, GNTM sieht oder wie die Abkürzungserfolge im Trash-TV so heißen (für diejenigen Leser, die tatsächlich nur Arte sehen: ***D***eutschland ***s***ucht ***d***en ***S***uperstar, ***G***ermany's ***n***ext ***T***op***m***odel). Ach so, sagt Petrus, das ist also ein Deutscher.

Scham, abgeleitet vom angelsächsischen *scamu,* bedeutet Schande und ist eigentlich nichts anderes als der Wunsch nach Gruppenzugehörigkeit. Und diese Gruppenzugehörigkeit ist spätestens seit 1914 bei uns perdu. Zu Recht. Und dennoch: Unser gesamtes Sozialverhalten wird von dem Wunsch geprägt, wieder mitspielen zu dürfen. Und wenn andere Länder uns *dissen (*neudeutsch für *mobben,* fast neudeutsch für: systematisch ärgern), dann färbt das irgendwann auch auf unser länderinwendiges Schamempfinden ab.

Irgendwann lernen wir, dass man »in Gesellschaft« nicht laut pupst, wenn man zu der großen Mehrheit Nichtpupser gehören will. Irgendwann lernen Jugendliche, dass Rammstein-Hören mehr Gruppenzugehörigkeitsgefühl beschert als eine von Mama besungene Audiokassette. Fällt ihnen aus ihrem Walkman dann die Self-made-Kassette heraus – schämen sie sich. (Für den Walkman und den nicht vorhandenen, funkelnagelneuen MP3-Player schämen sie sich sowieso.) Irgendwann lernen Männer, dass sie sich von Frauen fernhalten sollten, die beim Anblick ihres Gemächts anfangen zu kichern und »naja« sagen. Alles reiner Selbsterhaltungstrieb.

Die Deutschen nun, die haben, wie fast immer, aus der Scham einen Wettbewerb gemacht.

Wir leiden unter Anpassungs-, Gruppen-, empathischer, Intimitäts-, traumatischer und Gewissensscham, haben Psychologen, natürlich auch Deutsche, herausgefunden. Nur, dass Sie's wissen: Schämen ist nicht gleich schämen, und Sie sollten desgleichen schleunigst tun, wenn Sie die Unterschiede noch nicht kennen:

Wer wie Thomas Gottschalk einen Zinken im Gesicht trägt, kann entweder unter der *Anpassungsscham* leiden – oder nach Kalifornien auswandern. Anpassungsschämer finden an sich ein Haar, das sie danach in die eigene Suppe werfen, um dann zu heulen. Hilfe, zu kleine Brüste, zu dicke Oberschenkel, zu viel Arbeit, zu wenig Freunde.

Die *Gruppenscham* bezieht sich dagegen eher auf Mitglieder des eigenen Rudels, für die man sich schämt. Im weitesten Sinn kann man die Scham der Deutschen über das Grauen des Dritten Reiches darunter subsumieren. Denn man schämt sich nicht nur für das Leid, das vielen Millionen Menschen angetan wurde, sondern vor allem dafür, dass man selbst zu dem Volk gehört, das dieses Desaster angerichtet hat.

Die *empathische Scham* bezieht sich auch auf Mitglieder außerhalb des engeren Sozialverbandes, die Nicht-Identifizierung unterscheidet sie von der Gruppenscham. Man schämt sich für die Obdachlosen in der Stadt, die ungezogenen Wahlkampfreden von Roland Koch oder die partout talentfreien DSDS-Kandidaten – was im übrigen den Großteil der Faszination der Sendung ausmacht: Man findet die vielen Nicht-Sänger so peinlich, dass es einem sogar das Gefühl von Erleichterung beschert, wenn Dieter Bohlen dazwischen poltert und »geh nach Hause« donnert. Sensible schämen sich auch für seine rauhbeinigen Abkanzeleien.

Die *Intimitätsscham* befällt junge Mädchen beim Frauenarzt und junge Männer bei der Wehrdiensttauglichkeitsuntersuchung (erst recht, wenn sie von einer Frau durchgeführt wird). *Traumatische Scham*, ausgelöst durch Vergewaltigung, Missbrauch oder andere Fundamentalverbrechen, ist am schwersten zu behandeln, weil sie am tiefsten sitzt. Aber auch der Täter, der diese Tat begangen hat, leidet später mehr oder weniger an der *Gewissensscham*.

Das Tolle ist, wir beherrschen auch noch die seltene Form des *Neidschams*: Wir Deutsche schämen uns auch für die Erfolgreichen unseres Landes: Das unterscheidet uns von vielen Nachbarstaaten. Wir schämen uns für Boris Becker, weil er keinen geraden Satz herausbringt und eigentlich überhaupt nichts anderes konnte, als einen solchen zu gewinnen.

Wir schämen uns für Dieter Bohlen, weil er ständig unter der Sonnenbank schmort und auch sonst viel dafür tut, »Tötensen-Goethe« genannt zu werden. Dabei ist der Mann durch mehr oder weniger redliche Arbeit reich geworden, aber das blenden wir bei unserem Fremdschämen galant aus.

Wir schämen uns für Charlotte Roche, die ein Buch über Analfisteln geschrieben hat. Wir schämen uns – und kaufen das Buch.

Wir schämen uns für die langen Röcke von Alice Schwarzer (»kann die sich nicht ordentlich anziehen?«) und die Gesäß-Schönheitsoperation von Schlagerbarde Jürgen Drews. Kann nicht wenigstens er uns am Arsch vorbeigehen? Wenigstens er?

Es ist so ein bisschen wie mit den Bademoden am Baggersee: Nur ein schlechter Beobachter wird denken, dass es einfach schamlose junge Frauen sind, die ihren Körper zur Schau stellen. Der französische Soziologe Jean-Claude Kaufmann hat über Jahre das Sozialverhalten von Oben-ohne-Besucherinnen und Oben-ohne-Besucherinnen-Betrachter studiert und eine »Soziologie des Oben-ohne« erstellt. Fazit: Es hängt von unendlich vielen kleinklein zusammengesetzten Faktoren ab, ob das Oben-ohne-Sonnen am Strand gesellschaftlich toleriert wird oder nicht. Platzwahl, ein flachgelegter Körper, eine adäquate Selbsteinschätzung über Alter, Gewicht und Zustand der gezeigten Brust (hängt sie? Wippt sie? Ist sie gar durch Krankheiten entstellt?) sind entscheidende Faktoren, die die Frauen berücksichtigen müssen, bevor sie den BH öffnen und sich nackt sonnen dürfen.

»Sobald die Kritik auf einen zu großen, zu schlaffen, zu tiefen, zu alten Busen abgeladen wird, gerät sofort die Frau, die es wagt, sich so den Blicken auszusetzen, ins Visier«, hat Jean-Claude Kaufmann herausgefunden, »wenn sie die Spielregeln nicht respektiert, können ihre Hintergedanken nur zweifelhaft sein. Der inkorrekte Busen wird schnell der schlimmsten aller Sünden verdächtigt: des sexuellen Exhibitionismus.«

Und auch die Beobachter unterliegen einem strengen Sittenkodex: Sie dürfen nicht starren, sondern müssen »sehen, ohne zu sehen«. (Das erklärt auch den Siegeszug der Sonnenbrillen. Erst recht den der Puck-die-Stubenfliege-Modelle.)

Den Platz, den man sich am Strand sucht, darf man nicht auffällig aussuchen, »sondern es geht lediglich darum, den Platz zu finden, der von Anfang an für einen bestimmt war«.

»Jeder kann tun, was er will, aber nicht alles ist erlaubt«, fasst es Kaufmann zusammen.

Also werden wir immer verklemmter? Trotz gelockerter BH-Bändchen?

»Wir sind weder schamvoller noch schamloser als früher«, sagt Claudia Haarmann, Körpertherapeutin und Autorin aus Köln, »aber man kann überspitzt sagen, dass sie heute gravierender ist als früher, denn die Gesellschaft meint ja, die Scham los zu sein.«

Früher, und damit meint sie den Zeitraum von vor fünfzig Jahren bis weit in die vergangenen Jahrhunderte zurück, war der schamauslösende Faktor klar: »Meist waren es Institutionen wie die Kirche, die genau vorgaben, wann man sich wofür zu schämen hatte. Auch die Familie war häufig die Instanz, die das Recht hatte zu bestimmen, wofür Frau sich schämte. Der ›Feind‹ stand also fest«, sagt Claudia Haarmann.

Heute heißt »der Feind«: die Medien. Und dennoch sei die

Sache weit komplizierter als früher, weil wir scheinbar alles dürfen.

Wirklich? Wollen wir wirklich alles dürfen wollen? Es gibt Cyberspacesex und gleichzeitig Tamponeinführhilfen, weil sich junge Mädchen nicht mehr trauen, ihren eigenen Genitalbereich anzufassen. Es gibt Medienformate wie *Big Brother*, in denen nackt geduscht und wild geturtelt wird, aber immer mehr Frauen wünschen sich, das Licht zu löschen, wenn sie mit ihrem Freund ins Bett gehen.

Aber auch viele deutsche Künstler, Schriftsteller, Kulturschaffende hatten zeitlebens mit ihrem Schamempfinden zu kämpfen: Den jungen Dichter Hölderlin plagten mitunter schwere Schamgefühle, es gibt ernstzunehmende Literaturwissenschaftler, die behaupten, er hätte sich nur aus Schamgefühlen in die geistige Umnachtung zurückgezogen.

Auch Thomas Mann schämte sich stets seiner Homosexualität, war sie doch zu der damaligen Zeit selbst für einen Schriftsteller nur schwer lebbar und machte ihm damit deutlich: Du bist anders – falsch!

Und der Maler Jörg Immendorff hat nach dem für ihn demütigenden und beschämenden Prozess wegen Drogenbesitz und reichhaltigem Prostitutionsgelage zu einer neuen, vor seinem Tod letzten Schaffenskraft zurückgefunden.

Könnten wir uns nur endlich darauf konzentrieren, uns für die Dinge zu schämen, die es wert sind, Scham auszulösen. Könnten wir nur endlich mit der Pipifaxscham aufhören.

Das einzig Tröstende: Scham, zugelassen oder kanalisiert, kann den Menschen in seiner Schaffenskraft wachsen lassen. Wenn wir uns nur endlich erlauben würden, uns nicht für einen roten Kopf zu schämen, der deswegen rot wurde – weil wir uns schämen.

3 Ordnungsliebe und Genauigkeit

Es gibt in Deutschland eine Sorte von gewitzten, ordnungsliebenden, liebevollen und erfolgreichen Groß-Mittelständlern, die den Begriff »rheinischer Kapitalismus« mit Leben füllen. »Rheinisch« (an den ersten Bundeskanzler der Bundesrepublik, Konrad Adenauer, erinnernd; siehe auch Seite 134) meint das Gegenteil von »Manchester« im Begriff »Manchester-Kapitalismus«. Also eine Art des Managements, das sanft, nicht ausbeutend, bodenständig, liebevoll ist. Soweit das irgendwie geht. Wir Deutsche haben eine Schwäche für diese Art liebevollen Firmenpatriarchen. Krupp, Bertelsmann, Opel: Die Führungsdevise dieser Chefs ist immer ähnlich gewesen. Malochen ist okay, aber menschlich-handfest muss es zugehen. Arbeiter sind Mit-Arbeiter. Und Dünkel hat in der Fertigungshalle nichts verloren. Gewerkschaften sind in einem System störend, in dem der Chef noch am Sonntag mitarbeitet, sich für die Noten der Arbeiterkinder interessiert – und auch kein Unrechtsbewusstsein entwickelt, wenn er für seine Gattin ein schmiedeeisernes Tor anfertigen lässt. Von seinen Arbeitern. Schwarz und nach Feierabend.

Der Wunsch nach solchen väterlichen Managertypen reicht weit bis ins 18., 19. Jahrhundert zurück und zeigt die politische Zerrissenheit der Deutschen: links leben, rechts wählen.

Einer dieser »rheinischen« Kapitalisten ist der schwäbische Tüftler Artur Fischer, der gleich ganz viele typisch deutsche Eigenschaften in sich vereint. Er tüftelt und ist die sympathische Personifizierung des »deutschen Ingenieurtyps«. Er führt sein Unternehmen liebevoll und auch noch Jahrzehnte nach seinem Ausstieg mit unzerbrechlichen Gesetzmäßigkeiten und Prinzipien. Er ist bodenständig wie eine Roulade und bescheiden wie ein Schneeflöckchen. Und zuweilen laut und bestimmt und stur wie eine Germanenkeule.

Des got net. Des gibt's net. So got's net. Des ka sein.

Man kann sich den Ablauf seines nächsten Geburtstages in etwa so vorstellen: Morgens wird seine Frau ihm sagen: Artur, du musst heute den neuen Anzug anziehen – und bitte auch eine andere Krawatte als gestern! Und Artur Fischer wird das erste Mal grummeln. Auf dem Weg in die Firma – *natürlich* wird er auch an diesem Tag in die Firma fahren, was heißt schon Geburtstag? Oder Silvester? *Ich fahre jeden Tag in die Firma*! – wird er das Radio ausdrehen, weil er die Lokalnachrichten nicht hören mag: Artur Fischer, ein Sohn unserer Stadt und der weltbekannte Erfinder des Dübels begeht heute seinen Jubeltag.

Im Büro werden ihn Laudatoren, Gratulanten und vielleicht auch ein paar Wichtigtuerle erwarten, und immer wieder muss er sich aus klebrigen Lobeshymnen herauswinden, weil er Angst hat, sie machten Gicht oder blöd oder beides. Spätestens gegen Mittag wird Artur Fischer sich davonstehlen und dringend etwas in seiner Entwicklungswerkstatt zu tun haben, ganz dringend. Dort warten dann Blaumänner und Werkzeugmeister auf ihn, solche, die noch mit der bloßen Hand eine Schraube in den Dübel drehen können. Dort, endlich dort, ist er dann zu Hause. Kann seine neusten Versuche starten, gucken, woran die letzten gescheitert sind, und sich so lange pudelwohl fühlen, bis seine Sekretärin, Frau Waible, herunterkommen und mahnen wird: Professor Fischer, Sie sollten jetzt aber wirklich zu dem Empfang …

Gäbe es einen Studenten, der ihm für diesen Tag den Grüßaugust mimen würde, Artur Fischer würde ihn sofort verpflichten. »Meine Eltern haben nie viel gelobt«, sagt er, »meine Mutter sagte höchstens ›ja‹ oder ›isch recht‹.«

Dass aus diesem fleißigen, pietistischen, aber furchtbar armen Elternhaus trotzdem einer der genialsten Erfinder Deutschlands – ach, was, was soll der Geiz – *der* genialste, weil vielfältigste, weil fleißigste deutsche Erfinder aller Zeiten wurde, zeigt, dass Förderung nicht immer verbal sein muss, dass Erziehung nicht materiell funktioniert, dass Talente sich immer ihren Weg bahnen, egal in welcher Umgebung sie gedeihen.

Fischer hat acht Erfindungen weniger als Thomas Alva Edison, »aber Edison ist tot, und ich lebe«, pflegt er zu feixen, »und außerdem mag ich mit Edison nicht verglichen werden. Der hat die Erfindung der Glühbirne geklaut, seine Glühbirne hat nämlich nicht funktioniert. Und mit einem, der klaut, mag ich nicht verglichen werden.«

Zum Zeitpunkt des Redaktionsschlusses für dieses Buch nennt Fischer 1080 Erfindungen und 5867 Patente sein Eigen, seien Sie sicher, wenn Sie diesen Text lesen, sind es schon wieder ein paar mehr geworden.

Dass er den legendären Fischer S-Dübel erfand, wäre bei Günther Jauchs *Wer wird Millionär* die 300-Euro-Frage. Für 500 Euro müsste man wissen, dass er auch der Vater der gleichnamigen Fischer-Technik-Kästen ist, sie waren einst als Geschenk für Kinder von Geschäftsleuten gedacht. 1000 Euro für den Synchron-Blitz-Fotoapparat, 2000 für eine Technologie, die das Aufbohren des Oberschenkelhalsknochens überflüssig macht und 4000 für seine jüngste Marktidee: ein kompostierbares Kinderspielzeug aus Kartoffelstärke. Fotografie, Handwerk, Medizin, Kinderspielzeug – das Verspielte, Universelle seines Wesens zeigt sich in der Vielfalt seiner Erfindungen, nicht in den einzelnen ausgetüftelten Welterfolgen.

»Ha noi! Sagen Sie net ›tüfteln‹«, unterbricht Fischer, »ich bin kein Tüftler und bin auch eitel genug, um auf dem Unterschied zu beharren. Ein Tüftler erfindet quasi aus Versehen oder für den Eigenbedarf. Erst ein Erfinder denkt von Anfang an auch an die Vermarktung und den Vertrieb. Tüftler sind keine Erfinder aus Berufung.«

Man muss ein bisschen sein Leben kennen, um zu verstehen, warum hinter diesem Satz buchstäblich heiliger Ernst steckt. Und warum Artur Fischer bei aller Fröhlichkeit, Verschmitztheit und guten Laune, die er lebt, das Erfinden so ernst nimmt wie nichts auf der Welt. *Wie nichts auf der Welt.*

Am 31. Dezember 1919 in Tumlingen geboren, einem kleinen landwirtschaftlich geprägten Ort, mitten im Schwarzwald. Die Fischers waren arm, sein Vater ein Schneider, der eher schlecht als recht seine Familie unterhalten konnte. »Aber sehen Sie mich auf dem Foto? Ich bin der im Matrosenanzug. Ich hatte immer einen Matrosenanzug und war der einzige, der Bundfalten in der Hose hatte.« Seine Mutter, liebevoll, energisch und patent, verdiente mit dem Bügeln von Beffchen (Pfarrkleid-Kragen) Geld dazu: zehn Pfennig pro Beffchen, plus zehn Pfennig fürs Austragen.

»Aber ich bekam Harmonium-Unterricht für fünf Mark die Stunde«, zählt Fischer auf, »und als ich das Aquarium von meinem Lehrer Dr. Fischer nachbauen wollte, bekam ich auch das Geld für das Material. Man hat in unserer Familie ein Interesse daran gehabt, dass aus uns was wird.«

Die Bücher des Philosophen und Erfinders Max von Eyth verschlang er – samt Papier und Einband. Die Ansichten des schwäbischen Ingenieurs und Schriftstellers zitiert Fischer noch heute: »Schon die ältesten Völker, von denen wir geschichtliche Nachrichten besitzen, waren sich bewusst, dass auch die einfachsten Dinge erfunden werden mussten, und erfanden sich die Erfinder dazu. Dass sie die Bedeutung des Erfindens, mehr als es später geschah, zu schätzen wussten, beweisen die sagenhaften Berichte von alten Erfindern.«

»Eyth hat einfach gewusst: Eine Orchidee blüht nicht im Keller«, sagt Fischer, »und seine Ansichten über das Erfinden haben mich beeindruckt und geprägt.«

Artur ging auf die Volksschule und wechselte später sogar auf die Realschule, trotz Schulgeld, trotz langen Schulwegs, trotz seiner Proteste. »Meine Mutter musste für das Schulgeld ordentlich schuften, und als sie eines Tages vom Plätten eine Sehnenscheidenentzündung im Arm hatte, sah ich meine Chance: Ich durfte die Schule verlassen und eine Lehre machen.«

Die Eltern suchten einen Bauschlossereibetrieb in Stuttgart für ihren ältesten Sohn aus, und 1934 lernte Artur den »Flitter einer Großstadt« kennen. Und nicht nur den! »Es war furchtbar. Entsetzlich. Ich hatte solches Heimweh.« Er leidet, wenn er das erzählt, noch heute, mit fast neunzig Jahren, mit dem frisch Konfirmierten von damals. Er schreibt dem Vater einen flammenden Brief und ist sich sicher, dass er auch diesmal von seinen Eltern beschützt wird. Und zum ersten Mal in seinem Leben trifft er auf Widerstand. Der Vater antwortet: »Mein lieber Sohn, selbstverständlich darfst du jederzeit heimkommen. Sei aber versichert, dass ich dich nicht in mein Haus lassen werde, wenn du anklopfst. Dein dich liebender Vater.« »›Dein dich liebender Vater‹, ich fand damals da nix ›liebend‹ dran«, sagt Fischer, »heute weiß ich: Er hatte recht. Widerstand muss gebrochen werden.«

Es wird eine der leisesten und prominentesten Tugenden zugleich, die der Vater mit diesem Rauswurf seinen Sohn lehrt. Georg Artur Fischer wird nie wieder in seinem Leben Widerstand als etwas Unbezwingbares empfinden. Widerstand wird integraler Bestandteil seiner Berufung, dem Erfinden. Kein Übel – Notwendigkeit. Von Eyth schreibt: »Nicht die Not macht erfinderisch, sondern die Erfindungen haben die größte Not, den Widerstand zu überwinden, mit dem ihnen eine wohlgeordnete, im großen und ganzen selbstzufriedene Welt von allen Seiten entgegentritt.«

»Als ich im ersten Lehrjahr den Berufswettkampf der Schlosser gewann, hat mir mein Vater versprochen: gewinnst du ihn nächstes Jahr wieder, bekommst du eine Uhr von mir geschenkt. Im nächsten Jahr fehlten mir drei Punkte zum Sieg. Aber im übernächsten Jahr gewann ich. Doch da bekam ich die Uhr auch nicht. Vater sagte: ›Die war nur für das zweite Lehrjahr ausgesetzt, du hast aber im dritten Lehrjahr gewonnen.‹«

Das war die Erziehung des ihn liebenden Vaters.

1938 wurde er zum Wehrdienst eingezogen. Für eine Fliegerkarriere war er zu klein und hatte zu schlechte Augen. Aber durch seine Gewitztheit wurde er Offiziersausbilder. Später kam er zu der Fliegerei und wurde Angehöriger der 10. Fallschirmspringerdivision.

Nach dem Krieg: englische Gefangenschaft, Flucht und schließlich, 1947, die Arbeit als technischer Assistent bei einem Ingenieur in Freudenstadt. Sein Leben begann. 1948, ein Jahr nach seiner Hochzeit: Gründung der eigenen Firma und Geburt der Tochter. Dass der Fratz auf die Welt kam, ist für jeden Fotografen noch heute ein großes Glück. Die herbeigerufene Fotografin weigerte sich, in dem dunklen Heim ein Bild zu schießen. Sie fürchtete um die Magnesium-Blitzlicht-Konstruktion für ihren Fotoapparat.

Fischer erfand den ersten synchron arbeitenden Blitz am Fotoapparat. Die Knöpfe zum Auslösen des Blitzes lötete Mutter

Fischer auf dem heimatlichen Herd. Die Erfindung: nichts weniger als eine Sensation, Agfa kaufte das Patent und die Vermarktungsrechte – und wird auf die Gesundheit der Tochter bis heute einen Dauertusch aussprechen.

Neun Jahre später, 1957, erfindet Fischer die Gelddruckmaschine, pardon: den Dübel. Das heißt, eigentlich verbessert er nur den Dübel, das aber so grundlegend, dass er in seiner Genialität bis heute einzigartig ist. Dübel gab es schon im frühen Mittelalter, damals waren sie aus Blei, später wurden sie aus Holz gefertigt, und die Dübel, die nach dem Krieg auf dem Markt waren, bestanden aus einer Hanfstange mit einer Blechhülle. Furchtbar unpraktisch: Blech dehnte sich nicht richtig im Bohrloch aus und muss maßgeschneidert sein, sonst passt es nicht ins Bohrloch.

Das Besondere war damals das Material. Nylon war saumäßig teuer, hatte aber den Vorteil, dass es witterungsbeständig und dehnbar ist. Andere Kunststoffe wie PVC werden unter Wärmeeinfluss schnell weich, Nylon nicht. Durch den fehlenden Anschlag (quasi den Nagelkopf des Dübels) konnte der Dübel erstmals auch tief ins Loch wandern und war so für alle Lochtiefen verwendbar. Die ankonstruierten Seitenzähne machten den Dübel für hartes und weiches Material geeignet: Im Beton dehnte sich der Dübel in den Zahnzwischenräumen aus. Schließlich noch das, was die Konkurrenz die »Dübelschwänzchen« nannte: Die zwei abstehenden Sperrzungen verhinderten am Fischerdübel das Durchdrehen des Dübels und kompensierten auch falsche Schraubentypen im Gewinde des Dübels. »Ich find dein Schwänzchen lustig«, sagte einst ein Konkurrent zu Fischer. »Ich auch«, grinste der zurück und freute sich, dass die Konkurrenz noch nicht mal das Prinzip der Sperrzungen verstand.

Leider war es nicht nur die Konkurrenz, die nicht verstand. 1963 stand der Fischer-Dübel unter Beschuss. Er sei nicht mehr für Außenwandarbeiten zu verwenden, hieß es, zu unsicher, zu witterungsanfällig. Nach einem fulminanten Start eine veritable Katastrophe. »Ich habe dann überlegt, wo die ältesten Dübel von uns installiert waren. Das war im Reichssportpalast in Berlin«, erzählt Fischer, »also bin ich nach Berlin gefahren und bat einige TÜV-Ingenieure, meine Dübel in dem Bau zu prüfen. Nach ein paar Stunden kamen sie zurück und sagten: ›Herr Fischer: die alten Dübel sind noch besser als die frischen, die haben sich so in den Beton gefressen, die halten!‹«

Heute werden jeden Tag sieben Millionen Dübel in Waldach-Tumlingen produziert: immer noch aus dem gleichen Material.

»Erfindungen kommen aus der Tiefe der Seele, das kann man nicht lernen«, »Man muss als Erfinder einen Bezug zu einer schöpferischen Macht haben«, »Erfindungen sind auch immer Auftrag« – wenn Fischer über seine Motivation spricht und er ausnahmsweise mal nicht in der Werkshalle steht, sondern vielleicht bei einem Glas Rotwein am Tisch sitzt, dann wird seine Stimme, die in der maschinenlauten Fabrik sonst wispert und flüstert, auf einmal laut und kräftig und klar. Es geht ihm um Religiosität, nicht Religion.

»Die Kirche ist mir mit ihrer Macht suspekt«, sagt er, »es ist auch egal, welcher Religion man angehört, aber wer das *Schöpferische* in seiner Arbeit nicht spürt, macht sie nicht gut.«

Natürlich ist Fischer nicht der einzige deutsche Erfinder mit Weltruhm. Wenn Sie sich in Ihrer Wohnung umschauen, kommen erstaunlich viele Dinge aus deutscher Tüftler-, pardon: Erfinderhand. Die Jeans, die Sie tragen, hat 1873 ein Deutscher erfunden, die Glühbirne, die nötig ist, um dieses Buch zu lesen. Ach ja, und überhaupt der Buchdruck: alles deutsche Erfindungen. Das Bier, das sie trinken, um die langweiligen Stellen in den Büchern zu überstehen: deutsch. Auch das Badezimmer strotzt nur so vom deutschen Tatendrang: von A wie Aspirin bis Z wie Zahnpasta – wie viel Zahnschmerzen haben wir der Menschheit erspart. Und wie viel Karies ihr beschert: Denn die Gummibärchen sind auch von einem Deutschen, Hans Riegel aus Bonn, erfunden worden.

Was die größte deutsche Erfindung war? Darüber streiten Kulturwissenschaftler. Der Buchdruck, der Computer, die Kernspaltung oder, ganz profan, die Pille, weil sie einer Hälfte der Menschheit die Freiheit schenkte, über ihren Körper selbst bestimmen zu können. Die andere Hälfte der Menschheit, setzt sich derweil vor die Glotze, zischt ein Bier und mampft eine Currywurst. Alles mit deutscher Sorgfalt erfunden.

4 *Spießigkeit*

»Als *Spießbürger* oder *Spießer* bezeichnet man abwertend eine Person, die sich durch geistige Unbeweglichkeit, ausgeprägte Konformität mit gesellschaftlichen Normen, Abneigung gegen Veränderungen der gewohnten Lebensumgebung und starkem Bedürfnis nach Sicherheit auszeichnet.«

So schreibt der Duden unserer Zeit, also Wikipedia im Netz. Man kann uns Deutsche mit allem beschimpfen, Dumpfbirne, Schusselschlumpf, unpolitischer Opportunist, meist haben wir eine Retourkutsche fertig zum Anspannen im Schuppen stehen. Die Pferde, die wir davor spannen, heißen »Dichter und Denker«, »Mercedes-Ingenieur« oder »Alt-68er«. Wenn wir allerdings »Spießer!« hören, ist es aus. Dann ziehen wir uns beleidigt in unser Haus zurück, knallen die mit einem Salzteig verschönte Tür zu und lassen die bestickten Kranich-Häkelgardinen in der Küche runter.

Spießer! Das schlimmste Schimpfwort für uns Deutsche. Nennen sich die Schweizer untereinander »Füdlibürger« (Füdli = Hinterteil), dann lächeln sie und bieten sich gegenseitig noch eine Tasse Schoki an – kleine Fische, dann ist man eben füdliesk. Aber Deutsche spießig zu nennen ist schlimm.

Früher war die Definition einfach. Spießig galt, wer »draußen nur Kännchen« orderte oder sich in Lokalen aufhielt, die das als Marschroute ausgaben. Heute gelten die als spießig, die ein Leben lang ackern, um nicht spießig zu sein. Der *Stern* beschreibt die neuen Spießer so:

»Er sitzt im Starbucks-Coffeeshop am Kölner Hauptbahnhof, Fensterplatz. Hat den Laptop aufgeklappt und das Bluetooth-Mikrophon am Ohr. Dass der mittelgroße Cappuccino stolze 3,40 Euro kostet, stört ihn nicht. Er glaubt wirklich, dass das gutmenschelnde US-Unternehmen den Kaffeebauern ›Spitzenpreise‹ zahle – so dessen Credo. Ihn irritiert nicht, dass die Sessel voller Flecken und die Tische unabgeräumt sind und der Boden mit Strohhalmen übersät ist. Die Starbucks-Kette ist einfach angesagt, speziell für Leute aus seiner, der IT-Generation.«

Es gibt Kinder-Spießer, die »Bob, der Baumeister« zum Geburtstag wollen – und nur das. Zum Essen wünschen sie sich Hähnchensticks und Pommes, und Detlev Jöcker singt ihnen einen Geburtstagsschlager.

Es gibt Jugend-Spießer, die im Bus mit Sprüchen wie »deine Mutter kommt aus China und hat 'ne geile Vagina« provozieren. Aber außer zwei schwerhörigen Kirchentagsbesucherinnen hört keiner hin.

Es gibt erwachsene Spießer, die *Sex and the City* total lustig finden oder GZSZ (für die Nur-Arte-Gucker: **G**ute **Z**eiten, **s**chlechte **Z**eiten), die regelmäßig ins Fitnessstudio pilgern und einmal im Leben nach Neuseeland wollen – wegen des *Herrn der Ringe*.

Und es gibt Senioren-Spießer, die Kieser-Krafttraining machen und Kindermilchschnitte mampfen, weil sie sich dann jünger fühlen.

Kurz: Deutschland wimmelt von Spießern.

Der *Stern* fügt gleich noch ein paar dazu:

Unter Spießer-Generalverdacht stehen von jeher Beamte, Hausmeister, Campingplatzwarte, Opelfahrer, Förster, Kleingärtner, Bausparer, Dauercamper, Züchter von Kaninchen der Rasse Deutscher Riese, Briefmarkensammler, Hosenträger-Träger, Besitzer von Wandteppichen mit röhrenden Hirschen und sprudelnden Bergbächen (Türken). Der klassische Spießer läuft in weißen Socken und durchbrochenen Sandalen rum. Ja doch, den gibt es noch. In jedem Urlaubsort.

»Spießer ist, wer sich über Spieß den Kopf zerbricht«, sagt mein Mann. Er trägt im Urlaub die Kamera vor dem Bauch, steckt das Hemd in die Bermudashorts und findet Männer mit langen Haaren zottelig. Aber er selbst? Spießig? Nö! Nie! Und soll ich was verraten? Die Nonchalance, mit der er sein Leben lebt, ohne sich um das Urteil anderer zu scheren, weder einen feuchten, noch einen aufgewischten Kehricht, das macht ihn entzückend – avantgardistisch, irgendwie. Doch, geht.

Ich glaube, wir Deutsche wollen von jeher gefallen. Eigentlich wollten schon die Germanen so gewitzt wie die Gallier sein und schämten sich ihrer Keulen auf dem Rücken.

Zwar gibt es wesentlich mehr deutsche Helden als französische – was ist schon Flaubert gegen Schiller, was Marie Antoinette gegen Katharina die Große? Aber leider gibt es auch sehr viel mehr Antihelden. Frankreich hat keinen Hitler in der Landesliste, selbst Napoleon ist dagegen ein Waisenknabe, und von einer Mutter, die ihre sieben Kinder in Blumenkästen auf dem Balkon einpflanzt, ist in der französischen Kriminalgeschichte auch noch nichts verlautbart worden. Von einem penisverspeisenden Kannibalen mal ganz abgesehen. Und dabei haben's die Franzosen ja so mit dem Essen.

Angst vor Spieß ist in Wirklichkeit Angst vor Statusverlust. Und deshalb haben wir Deutschen vor allem ein Statusproblem.

Das Ganze hat einen historischen Ursprung, hat der Philosoph Alain de Botton in seinem Buch *StatusAngst* beschrieben: »Dass die großen Umwälzungen des 18. und 19. Jahrhunderts trotz der gewaltigen Steigerung des materiellen Wohlstandes zu vermehrtem psychischen Druck geführt haben, ist auf das neue Ideal zurückzuführen, von dem sich diese Umwälzungen leiten ließen: auf den Glauben an die Gleichheit aller Menschen und an die unbegrenzte Möglichkeit eines jeden, alles zu erreichen.«

Vor allem die Kleinstaaterei in Deutschland begünstigt diese Entwicklung. Pluralismus gibt Liberalität – und Liberalität blöderweise Konkurrenz. Kein Alleinherrscher regiert das Land, sondern viele kleine Herrscherlein. Dazu kommt: An den einen großen Herrscher glauben wir Deutsche sowieso vergleichsweise wenig, wenn man einmal das gottesfürchtige Bayern unterschlägt.

»Wenn aber der Jenseitsglaube als kindische und unwissenschaftliche Vernebelung interpretiert wird, führt die Einsicht, dass es nur eine einzige und erschreckend kurze Chance zur Verwirklichung aller Vorhaben und Träume gibt, dazu, dass diese Ziele mit Nachdruck verfolgt werden. Irdische Erfolge können nicht mehr als Vorgeschmack auf das gesehen werden, was einen im Jenseits erwartet, sie sind und bleiben unterm Strich alles, was wir je werden sein können«, schreibt Alain de Botton.

Oh Gott: Alles ist machbar. Aber nur in 75 Jahren.

»Der Preis, den wir dafür zahlen, dass wir so viel mehr erwarten als unsere Vorfahren, ist das Gefühl, dass wir längst nicht sind, was wir sein könnten.« Ja, Herr de Botton, verstanden. VERSTANDEN.

Reichtum wird von uns als eine Art Lackmuspapier für Charakterstärke gesehen. Lediglich Mönchen unterstellt man eine Art Reinseele zu Hartz-IV-Empfänger-Bedingungen. Alle anderen? Müssen sich ihre Plasma-TV-Seele schwer verdienen. Und das ist eigentlich ziemlich spießig. Spießig ist auch der Einheitsgeschmack, der im Moment gerade durch unsere Cocooningräume wabert: Ikea in pink-orange oder mokka-beige. Spießig ist unser Pseudokosmopolitismus, mit der wir beim Inder »einmal Curry, aber bitte nicht scharf« bestellen. Und spießig ist auch unsere Reiselust, mit der wir kontrolliert Abenteuer bestehen. Wie Wickie und die halbstarken Männchen.

Vor allem ist es aber spießig, den ganzen Tag getrieben durch die Gegend zu spazieren, immer auf der Suche nach einem Nicht-spießig-Schild, das wir dann in unseren Vorgarten stellen können. Auch ein permanent Diätcola schlürfender Karl Lagerfeld hat in seinem Jugendwahn, nicht zunehmen zu wollen, etwas rührend Deutsch-Bürgerliches. Nur, dass er diese Attitüde in Chanel kleidet. Also, Brüder und Schwestern: entspannt. Spieß ist Leben.

5 Party

Die Party hat in Deutschland einen merkwürdig hohen Stellenwert. Warum? Vielleicht weil wir uns immer wieder klarmachen müssen, dass wir doch nicht so »bierernst« sind, wie uns die Weltgemeinschaft sieht. Sie (die Party, nicht die Weltgemeinschaft) rangiert zwischen Couch und Komik. Party machen ist in Deutschland harte Arbeit und irgendwie wie Kirchgang. Pflicht. Schon weil eine ganze Medienbranche davon lebt, RTL2-Reportagen zu drehen: »So feiert man auf der Reeperbahn«, »So feiert man im Pott« und »So feiert man auf Malle«. Seht her, schreien einem die Dokumentarfilmer zu, so laut, dass man sich die Ohren zuhält, wir können auch anders sein. Lustig, tritratrullala. Enthemmt. Völlich frahei, hicks.

Sechs typische Partyarten kann man hierzulande orten. Das Interessante: Mit wie viel Zwang, Ernsthaftigkeit und Kontrolle wir Deutschen uns den Spaß organisieren. Und: Es kommt nicht auf die Region an, wie wir feiern. Sondern auf den Anlass.

- Dörfliches Komasaufen: Deliriumszwang
- Städtische Fisch-sucht-Fahrrad-Partys: Krampfhaft-lustig-Zwang
- Regionale Ü-30-40-50-Partys: Wolle-Petri-Zwang
- Themenpartys: Harleypartys, Golfpartys, katholischer Kirchentag: Betulichkeits- und Kinderzwang
- Urlaubpartys auf Malle oder jedweder Hotelanlage: Kondomzwang
- Privatparty: Kleiner-Feigling-Zwang

Dörfliches Komasaufen

Findet häufig unter Jugendlichen statt. Ort der Feiern: von der Feuerwehr bereitgestellte Scheunen, von Opa ein Partyschuppen oder – gleich professionell von Komasaufen-Veranstaltern organisiert: ein Zelt. Man bezahlt zwischen 15 und 25 Euro und darf dafür saufen, bis der Arzt kommt und schimpft. Und da die jungen Volltrunkenen wissen, wie Papi im Pauschalurlaub zuschlägt, auch wenn er eigentlich satt ist – b'zahlt isch b'zahlt – wollen sie für ihr Eintrittsgeld und auf jeden Fall trinkentrinkensaufen. Was? Vor allem süß muss es sein – und »knallen«, so die Forderung, weshalb die Wodka-Cola auch gern mit Strohhalm konsumiert wird. Macht schneller besoffen, hat größere Wirkung. Die Eltern sind derweil zu Hause und üben sich im Entsetzen: Ich weiß auch nicht, woher er das hat, wir trinken ja nur in Maßen und nie über den Durst.

Das hat euer lieber Lümmel von einem Konsumdenken, das ihm schon seit Kindergartentagen eingeimpft wurde, liebe Eltern. Schon für Zweijährige muss jede Mutti ein Brimborium statt Kuchen zaubern, wenn der Spross an seinem Jubeltag die Krippe betritt. Jeder Spielplatzhänfling braucht des Nachmittags: Dinkelvollkornkekse, Bioapfelsaft-Schorle, Demeter-Früchtebrot. Nur damit er zwischen Kaffeezeit und Abendbrot nicht dem plötzlichen Hungertod anheimfällt. Fahren die lieben Kleinen schließlich ins Schullandheim, sind die Rucksäcke gepackt mit Sachen, die sie mögen. Nur für den Fall, dass das Jugendherbergsessen ungenießbar sein sollte.

Klar, zu schlussfolgern, wer sein Kind mit guten Dingen vollstopft, züchte Säufergören ran, ist arg hysterisch. Aber es geht um eine schleichende Erfahrung: Das Leben ist Konsum, entbehrungsarm und voller Langeweile. Diese Erfahrung machen derzeit viele Jugendliche in Deutschland. Klar, kann man Quengelbrut schnell mit Riegeln vollstopfen, aber wer nie improvisieren lernte, wer nie mal Minientbehrungen aushalten lernte, wer das Naheliegende immer sofort bekam, der langweilt sich mit 18 unsagbar. Und das Wochenenddauersaufen ist ein Eskapismus – nicht vom Schulstress, sondern vom ansonsten herausforderungsarmen Leben zu Hause.

Städtische Fisch-sucht-Fahrrad-Partys

Ach herrje. Das sind ganz schlimme Veranstaltungen. Weil es eine einzige Eintrittsklausel gibt: Herein darf nur, wer locker und cool ist. So ziehen junge dreißigjährige Frauen mit Hang zu Bärchenbettwäsche und Erdbeerlipgloss mit ihrer besten Freundin am Wochenende in einer x-beliebigen Stadt, sagen wir Düsseldorf, Mannheim oder Stuttgart, los, um »den Mann für's Leben« zu finden. Treu soll er sein, und Humor muss er haben, ganz wichtig. Blöd nur, das solche Männer nie auf Singlepartys herumstehen, sondern das Feld lieber ihren Krampfkollegen überlassen.

Dann steht man sich also im Getümmel gegenüber, die Freundin ist längst weg, um mit dem einen netten Typen an der Bar über städtische Fisch-sucht-Fahrrad-Partys abzulästern, und es fehlt nicht nur die Freundin, sondern auch der richtige Spruch. Da man sich aber vorgenommen hat, sich dieses Mal so richtig zu amüsieren, heißt es: Luft holen, lächeln und »was machst du so?« zu fragen. Die Versicherungsangestellte lernt den Mechaniker kennen, dem »Treue unheimlich wichtig ist«, und inzwischen ist eine Generation herangewachsen, die das ganze Leben als Assessmentcenter begreift. Durch Internetbörsen, Kollegenblogs und Vorstellungsrunden sind wir reflexhaft darauf getrimmt, witzige, spontane und lockere Fragen zu stellen beziehungsweise diese zu beantworten.

Nur ehrlich, wahrhaftig sind diese Gespräche nie, und deswegen sitzen wir Frauen meist am Sonntagmittag auf unserem Bett und krümeln mit Knack-und-Back-Single-Brötchen unser Tagebuch voll. Bei Singlepartys geht es einzig darum, schnell viele Leute kennenzulernen. Effizient muss es sein, wer 17 an einem Abend schafft, ist auch in seiner Art, Leute kennenzulernen, professionalisiert. Und so aseptisch, dass eh nichts mehr übrig bleibt außer der Erkenntnis, dass Deutschland im Moment ein riesiges Beziehungsproblem hat.

Das war schon immer so? Nein, vor zwanzig Jahren noch war das Leid individualisiert und nicht massenkompatibel. Wer Partnersuche professionalisiert, verniedlicht auch seinen Job: Die Feier mit Kollegen wird zum Familienersatz. Wie schauderhaft.

Regionale Ü-30-40-50-Partys

Wer endlich seinen Deckel gefunden hat, wer endlich die Kinder ins Fremdübernachtungsalter erzogen hat, wer sich Sorgen macht um Cellulite, Krähenfüße, Endlichkeit, der überredet seinen Mann zu einer Ü-30-Party. Dort treffen sich dann vorwiegend Pärchen, die Frauen mit pfiffigen Strähnchen in praktischen Kurzhaarfrisuren, die Männer mit klobigen Silberringen und schütterem Haar. Man unterhält sich, die ersten Spießigkeitsfragen tauchen auf: »Na, wie war's letztes Wochenende bei Möbel Roller? Habt ihr eure Traum-Sitzecke gefunden?« Und aus den Lautsprecherboxen dröhnt Wolfgang WOLLE Petry.

Der Himmel brennt
die Engel flieh'n –
wir sind durch Rauch und Feuer getrennt.

Der Himmel brennt
die Engel flieh'n –
und auch uns zwei hat man vertrieben.
Von all dem
was wichtig war
ist jetzt am Ende nichts geblieben
von der Hoffnung und der Liebe.
Der Himmel brennt
die Engel flieh'n
und ich ersticke in schwarzen Wolken.
Mein Fehler war – ich hab' geglaubt
du wirst mir ins Feuer folgen.
Doch der Himmel
den wir wollten – der Himmel brennt.

Das war der Sänger, der seinerzeit durch Holzfällerhemden auffiel und mit circa 600 handgeknoteten Freundschaftsbändchen, die man ums Handgelenk bindet. Bei Wolle reichten sie den ganzen Unterarm hinauf. Und weil man in Deutschland auf Hygiene immer sehr großen Wert legt, sagte Petri in einem Interview tatsächlich, er würde die Bändchen beim Duschen abnehmen! Jau, klar, Herr Petri. Würde er das wahrhaftig tun, dann duschte er aus Zeitmangel vermutlich einmal im Monat. Aber vielleicht muss man nur sehen, in was für einem Loyalitätskonflikt er steckte: Einerseits baute sein Image auf Treue und Handfestigkeit, manifestiert durch die von Fans geknoteten Bändern, andererseits waren seine Fans eben vor allem Frauen, die Weichspüler verwenden, den Trockner dauerlaufen lassen und nach dem Toilettengang gern noch mit Hakle-Feuchttüchlein nachwischen – wegen der Hygiene.

Das Bier vor mir
das schmeckt genau so mies
wie ich mich fühl'.
Mein Hemd vom Schweiß verklebt
die Luft im Zimmer feucht und schwül.
Du hast es geschafft – ich heule um dich.
Du bist abgehau'n
du siehst es ja nicht.
Der Himmel brennt
die Engel flieh'n –
wir sind durch Rauch und Feuer getrennt.
Ich sitze hier und schau' dir nach
und werde warten
bis ich verbrenn'.

Genau diese Klientel geht auf Ü-Partys. Genau diese Klientel geht auch ins Hamburger Dollhouse oder zu den Chippendales. Wer Angst vor dem Tod hat, hat Angst vor dem Alter. Dem Altern. Dem Nicht-mehr-jung-Sein. Ach, und diese armen Willis rennen auf Ü-30-Parties, weil sie sich da verstanden fühlen in ihrem Leid. Der Himmel brennt.

Themenpartys

Die verraten über den deutschen Charakter recht wenig, es sei denn, man besucht sie alle. Die Deutschen gehen gern auf Harley-Bikertreffen und zum Kirchentag. Auf Wahlpartys und zu Aktionärsversammlungen. Auf Musikschulen-Kinderfeste und zur Kirmes. Daraus irgendwas über *die Deutschen* abzuleiten, ist Quatsch. Aber jedes Festchen an sich ist putzig und wert, mal genauer *von außen* betrachtet zu werden. Natürlich sind für eingefleischte Golf-Fahrer die schweren Geschütze, die ein Harley-Fahrer auffährt, imposant. Aber betrachtet man die einzelnen Motorräder, schwer und schwülstig bemalt, wie aus der Barockzeit, wie ein Kunstliebhaber im Museum, dann fällt der individuelle Strich auf und die konventionelle Kreativität.

Die glockenrocktragenden Frauen auf Kirchenfesten sind es wert, einmal belauscht zu werden, wie sie ihren Kindern das vierte Stück Dinkelkuchen verbieten. Meist geht es da rigider zu als auf Hauptversammlungen von Kleinaktionären. Die stopfen sich die Würstchen rein, als gelte es einen Essrekord in Amerika zu brechen. Aus welchen Gründen gehen wir Deutsche sonst auch auf Wahlpartys? Um auf Großbildleinwänden mitzuverfolgen, dass die CDU 13,4 Prozentpunkte vor der SPD liegt? Es gibt Partyhopper, die futtern sich von den Grünen (Hirsebratlinge mit Bärlauchsoße) über die FDP (Schaschlik-Sushi-Spieße) hoch zur CDU (Lammeintopf), nur um hinterher zu stöhnen: »Letztes Mal war es aber leckerer.«

Den Anteil der Nichtwähler aus dieser futterstarken Gruppe zu ermitteln wäre bestimmt aufschlussreich.

Urlaubspartys

Finden gern auf Malle statt. Oder auf Ibiza. Und laufen immer gleich ab: Techno. Schaum aus Schläuchen. Sangria aus Eimern. Kondome aus dem Toilettenautomaten. Stringtangas aus der Knackarschjeans. Am nächsten Morgen: Aspirin, Kaffee und Strand. Schlafen. Um abends wieder fit zu sein.

Glücklicherweise sind die Franzosen, Engländer, Holländer genauso.

Privatpartys

Die sind für Deutschland-Charakterstudien-Betrachter natürlich schwer einzusehen, es sei denn, er wird direkt auf eine solche Veranstaltung geladen. Dann aber sollte er schon beim Geschenkemitbringen darauf achten, dass der Party-Deutsche an sich Praktisches liebt, Kitschiges und Originelles, gern auch alles zusammen. Und dann kommen so originelle Geschenke heraus wie Handpuppen, die an der Hinterseite des Autos kleben und auf Knopfdruck ihre Hose verlieren. Nackter Popo, hahaha.

Oder Tischfeuerwerksets, die rote Rosen und grüne Kondome regnen lassen. Für Rot-Grün-Farbenblinde, hahaha.

Oder Hosenträger im Kleinen-Feigling-Design. *Kleiner Feigling.* Das ist ein Pflaumenschnaps und das Pflichtgetränk angeschickerter Kegeldamen der letzten Jahrzehnte. Es hat den Eierlikör und den Klosterfraumelissengeist abgelöst und wird aus schwarz-lila-neongrünen Miniflaschen getrunken, die man vorher auf den Tisch klopft. Rhythmisch. Und alle gleichzeitig. Ich denke, das sagt alles, oder?

Ebenso vorgeschrieben originell ist die Menüfolge auf solchen Kleinveranstaltungen. Früher, das heißt in der Nachkriegszeit, wurde der berühmte Käseigel serviert. Dazu trank man Bowle aus einem riesigen Glasgefäß. Kulturwissenschaftler und Ethnologen begründeten die Sucht der Deutschen nach Erdbeerbowle mit dem Solidaritätsgefühl nach dem Zweiten Weltkrieg: Die Suppe, die wir uns eingebrockt haben, müssen wir nun auch gemeinsam auslöffeln.

In den sechziger Jahren wurde man mutiger, exotischer und, *hüstel*, weltgewandter: Toast-Hawaii assoziierte zumindest eine Sehnsucht, auch wenn man sie zwischen Jägerzaun und Resopalküche nicht wirklich ausleben konnte.

Die Siebziger waren die Würmchen- und Flips-Dekade, alles wurde verspielter, auch der Partysnack.

In den Achtzigern gab es die dekadente Negerkusstorte, kurz

bevor man sich seiner politischen Korrektheit erinnerte und seitdem nicht mehr Negerkuss sagt, sondern Schaumkopf – oder gleich nach der Herstellerfirma »Super Dickmann's aus der Frischebox«.

Heute isst man Dips: Das sind Gurken und Möhren in Quark erstickt. Wellness allüberall. Nicht schlankmachend, aber schlankmachen suggerierend.

Was beim Essen an Kalorien gespart wird, holen wir mit Soft-Alkoholgetränken wieder rein.

Wer sich auf Partys das Nahrungsangebot genau anschaut, hat schon die ersten drei Partyplänkel-Themen zusammen: Wie kocht man das denn? Welchen Sport treibst du so? Wo ist denn der Nudelsalat? Der hat nämlich all die Jahre überlebt. Komisch, eigentlich, aber diesen Anachronismus mit Erbsen leisten wir uns heute immer noch wie vor zwanzig Jahren.

6 *Dichter und Denker versus moderne Literatur*

Um die Deutschen kennenzulernen, muss man nach Deutschland fahren, klar. Wer verhindert ist, beispielsweise weil er mit zwei gebrochenen Beinen, einer Unterarmfraktur und einem Blinddarmdurchbruch das Krankenhausbett hüten muss, kann auch lesend lernen, wie die Deutschen riechen, wonach sie schmecken, was sie fühlen.

Vom Prinzip funktioniert Literatur-Sightseeing genauso wie Schusters-Rappen-Sightseeing. Zuerst überlegt man: Will ich mich baedekeresk bilden? Dann gehen Sie in eine Buchhandlung, ach, nein, dann schicken Sie die Krankenschwester in eine Buchhandlung mit einer Liste der deutschen Weltliteratur: Goethe, Schiller, Hölderlin. Das Übliche.

Spannender wäre es freilich, nachzulesen, was an diesen Herren eigentlich typisch deutsch ist. So belegt zum Beispiel der französische Germanist Pierre Bertaux eindrucksvoll in seiner Biographie über den Schwaben Hölderlin, dass dieser mitnichten »geistig verrückt« gewesen war, wie alle Welt gern behauptet, um das Klischee »Genie und Wahnsinn« zu adeln. Bertaux behauptet, Hölderlin hätte sich seine Psychogenese als Schutz zugelegt. Eine Art Krankheitsalibi, weil er erstens ein ganz ordentlicher Revoluzzer war, was zur damaligen Zeit eben nicht schick, sondern höchst gefährlich war. Und weil er zweitens, ähnlich wie Roberto Blanco heute, den schönen Frauen so wenig widerstehen konnte, dass es brenzlig für ihn wurde. So kann man sagen, dass Hölderlin ein typischer deutscher Vertreter des hysterischen Hypochondrismus ist. Wahrscheinlich wird es in fünfzig Jahren einen lustigen Literaturstudenten geben, der über die Frage promoviert: Welche Charakteristika haben Hölderlin und die *Schwarzwaldklinik* gemeinsam?

Aber wir waren ja bei der Weltliteratur stehengeblieben. Hier aufzulisten, welche Schriftsteller den »Einsame-Insel-Kanon« ausmachen, wäre absurd. Fragen Sie Marcel Reich-Ranicki, der wird Ihnen Luther, Mann, Heine und Brecht empfehlen.

Weniger anspruchsvoll, aber mindestens ebenso typisch deutsch ist Erich Kästner, der das Deutschland beziehungsweise Berlin der zwanziger, dreißiger Jahre beschreibt, wie Zille malte: dickbusig, knollennasig und voller Jargon. Auch Wilhelm Busch widerlegt liebevoll bösartig die These vom humorfreien Deutschen.

Überhaupt: Die Kinderbuchautoren kommen bei Nicht-Kleinkind-Vorlesern immer etwas zu kurz. Da Sie eh im Krankenhaus lesen und dort eher leichte Lektüre bevorzugen: Blättern Sie doch in Otfried Preußlers *Krabat* rein oder in Ludwig Bechsteins Märchen. Auch die Kasperle-Geschichten von Josephine Siebe sind ganz und gar typisch deutsch und herzallerliebst. Hier sind die Frauen noch hold und lind, die Männer wacker und die Buben drollig. Und wenn man zwischen den Zeilen die Deutschlandbeschreibungen herausliest, dann ersetzt das jeden Baedeker, versprochen.

Gibt es ein Buch, das den Deutschen in seiner urtypischen Eigenart beschreibt? Nö. Weil er eben nicht nur wie Heinrich Manns *Untertan* ist: katzbuckelnd, opportunistisch und ekelerregend.

Zu allen Zeiten sind die Deutschen als literarischer Prototyp verewigt worden, so als wären sie ein Mercedes SL oder ein Volkswagen.

Zur Kaiserzeit war es der Untertan. In den zwanziger, dreißiger Jahren ist es Döblins Franz Biberkopf (*Berlin Alexanderplatz*), noch einmal fünfzehn Jahre später steht das *Tagebuch der Anne Frank* für das, was sich die Welt zu der Zeit kaum vorstellen konnte: dass es auch sympathische Deutsche gibt, Ausnahmen, Hoffnungen, *Menschen*.

Nach dem Zweiten Weltkrieg wurden die Städte aufgeräumt – und ebenso die Literatur gerodet. Poesie des Kahlschlages. Die berühmte Gruppe 47 formierte sich, um Literatur und Demokratie zu vereinen. Schriftsteller wie Heinrich Böll, Günter Grass und Ingeborg Bachmann verdanken ihren Weltruhm dieser Gruppe. Wenn Ihre Krankenschwester noch tragen kann, soll sie auch von diesen Schriftstellern ein Werk mitbringen. Was Sie in diesen Büchern lesen, ist das ernsthafte, seriöse, hochwertige Deutschland. Das Deutschland des perfekten Konjunktivs und der einwandfreien, weißen Weste. Das liest sich zuweilen etwas dröge, macht aber den Wesenszug dieses Volkes deutlich: Wir wollen immer besser sein als andere. Und nachdem wir im Dritten Reich es sogar schafften, besser schlecht zu sein als jedes andere Land, sind wir nach dem Zweiten Weltkrieg besser gut als jedes andere Land.

Günter Wallraff wird in den Sechzigern zu dem Vertreter des deutschen Gutmenschentums. Wahrscheinlich schon damals teebeuteltrennend und stets auf der Seite der Entrechteten, sozial Schwachen. Er recherchierte undercover in der größten deutschen Boulevardhölle, der *Bild*-Zeitung (auch wenn Journalisten heute enttäuscht konstatieren, dass es mitunter bei der *Frankfurter Allgemeinen Zeitung* oder dem Fachorgan *Der Fliegenfischer* auch nicht liebevoller zugeht), er ließ sich für Völkerrecht und Menschenwürde anketten, anspucken, ausnutzen. Wallraff ist so, wie sich die meisten Deutschen wünschen zu sein, wenn es nicht so anstrengend wäre: politisch korrekt, sozialistisch, moralisch. Aber leider auch humorfrei.

Dass Moral und Humor offenbar doch zusammengehen, hat in jüngster Zeit ausgerechnet jemand bewiesen, der als deutscher Humorgarant gilt: Hape Kerkeling, lustiger und nicht ausschließlich blödelnder Komiker pilgerte 2001 aufgrund eines Hörsturzes 630 Kilometer den Jakobsweg entlang. Daraus ist ein Self-made-Buch entstanden, das sich über drei Millionen Mal verkaufte. Das ihn zu einem der meistgelesenen Bestseller-Autoren der vergangenen Jahre machte. Kerkeling beschrieb seine Armee von inneren Schweinehunden, die ihn tagtäglich daran hindern wollten, sich auf den Weg zu machen. Er beschrieb seinen gerechten Zorn, wenn er unterwegs zwei doofe Tierquäler traf. Und er beschrieb eindrucksvoll seine Gotteserlebnisse, die teils esoterisch, teils buddhistisch angehaucht waren. Und er beschrieb den Vorzeigedeutschen aus dem Jahr 2006. Generell lustig, haha, aber vor allem politisch sehr sauber, ein bisschen extrovertiert, ein bisschen esoterisch, ein bisschen öko. Sein Buch *Ich bin dann mal weg* verkauft sich deswegen so gut, weil es an einer tiefen Sehnsucht unserer Volkseele rührt: Wir möchten wieder geliebt sein, und wenn es sein muss, nehmen wir dafür auch Strapazen auf uns. Wanderungen, ja, und zur Not auch 630 Kilometer. Wenn danach ein Bestseller dabei herausspringt. Zur Zeit Martin Luthers hieß das: »Sobald der Gülden im Becken klingt/im huy die Seel im Himmel springt.«

Und heute? Heute lesen die Deutschen Charlotte Roches *Feuchtgebiete*: Das ist ein Buch, das Sie nicht lesen müssen. Und deswegen *müssen* Sie es lesen! Weil es weder böll-gutmenschig ist, noch mannhaft gut geschrieben. Weil es weder die Welt rettet, noch den einzelnen erzieht. Einfach deshalb, weil es versaut, schlecht und ganz und gar sinnfrei ist. Weil es ein Buch ist, das einmal keinen Anspruch hat außer den, die Autorin des Werkes reich, berühmt und sorgenfrei zu machen.

Der Inhalt ist schnell erzählt: Eine junge achtzehnjährige Frau hat Spaß an Körperöffnungen und Sekreten.

Ein absolutes Anti-gut-Buch, eines, das sich nur lohnt zu lesen, wenn man weiß, wie viele siebzigjährige Männer es sich kaufen mögen. Wenn man ahnt, wie groß die Sehnsucht der Deutschen nach Liebe-ohne-Leistung ist, nach einmal loslassen dürfen, ohne gleich als Menschheitsverräter geächtet zu werden.

Dieses Buch kann man nur dann ertragen, wenn man sich eine Klammer sucht: Wie ist das Verhältnis deutscher Frauen zu ihrem Körper, ihren Ausscheidungen, ihrem Schmutz?

Warum arbeiten sich deutsche Medien so ausgesprochen pubertär eifrig an der Autorin ab? Weil sie das werbewirksame Konzept Intimspray, Komplex und Weiblichkeit in Frage stellt?

Was sagen die hohen Verkaufszahlen über die Coolheits-Sehnsucht der Deutschen aus? Wollen wir so versaut sein wie die Titelheldin Helen, oder wollen wir nur einmal in einem geschützten literarischen Rahmen so sein dürfen – um hinterher erst einmal auf die Toilette zu verschwinden und die Hände zu waschen?

Sie sehen: Lassen Sie ruhig noch Ihre Leberwerte überprüfen oder Ihr Infarktrisiko abchecken. Deutschland kann man auch lesend kennenlernen.

7 *DSDS, GZSZ und SSDSDSSWEMUGABRTLAD*

Wenn Sie jetzt in der Straßenbahn sitzen, blättern Sie enttäuscht weiter, falls ein Nachbar Sie beobachtet. Seien Sie entrüstet. Schütteln Sie angewidert den Kopf. Und stöhnen Sie, beherrscht genervt: »Dass die jetzt auch noch über solche Billigformate im Fernsehen schreiben muss. Das braucht kein Mensch.«

Doch. Es gucken viele Menschen in Deutschland Unterschichtenfernsehen, was irgendwie so schlimm ist wie U-Musik hören hoch drei. Also Schlagerlieder plus Volksmusik plus Deppenrap. Warum erfreut sich Unterschichtenfernsehen so großer Beliebtheit? Vielleicht muss man einmal negativ argumentieren. Weil es sinnfreie Unterhaltung ist, die nichts für die

Bildung tut, keine effiziente Partnersuche ist, keine Karriere beschleunigt. (Im Gegenteil, bei zu häufigem Gebrauch wird sie eher gebremst. Die Frauen-Vorlieben von Dieter Bohlen zu kennen ist ähnlich peinlich, wie in den frühen Achtzigern zum Friseur zu gehen und eine Lady-Diana-Frisur haben zu wollen. Oder in den Neunzigern als Lieblingsfilm *Das kleine Arschloch* zu nennen.)

Im deutschen Fernsehen besteht ein Hang zur peinlichen Eintagsfliegerei. Und das Peinlichste sind die Zuschauer, denen das peinlich ist. Bis auf wenige Ausnahmen ist keine einzige Kandidatin, kein einziger Kandidat jemals zu Fernsehruhm oder Mediengloria aufgestiegen. Ja, ich weiß, Frau Klum, Sie sind als Casting-Gewinnerin tatsächlich einst zum Modeltraum Heidi Klum avanciert. Auch der Moderator Kai Pflaume war mal *Herzblatt*-Kandidat. Aber dagegen stehen Hunderte erfolgloser Gewinner. Der erste Deutschland-sucht-den-Super-Star-Gewinner hieß, glaube ich, Alexander. Heute wird er bei Karstadt Neufilialen einsingen. Und anschließend Häppchen für den Hund mitbekommen.

Nun geht es auch bei diesen Formaten nicht darum, dass es einen erfolgreichen Sänger gibt. Es geht darum, dass kostengünstige Unterhaltung produziert wird. Und dem Zuschauer suggeriert wird, er wäre beim Entscheidungsprozess in irgendeiner Weise beteiligt. Die Kandidaten haben eine Funktion zu erfüllen, traurigerweise nicht die eines Kandidaten. Statt dessen sollen sie den Ruhm der Jury mehren, sie sollen als Spielfiguren das Medium Fernsehen kontrolliert und beherrscht transparent machen – denn natürlich werden dem Zuschauer nicht die Knebelverträge gezeigt, mit denen RTL seine Kandidaten bindet, denn natürlich werden dem Zuschauer nicht die kritischen Elterntöne vorgespielt, die ihren Nachwuchs vor der

Arbeit mit Costa Cordalis et al. warnen, sondern nur die kurzen Einspielfilmchen, in denen eine weise alte Großmutter an einem Allgemeinplätzchen knabbert: »Ich sage meinem Enkel immer, das Wichtigste ist, dass du auf dem Teppich bleibst.« Und natürlich wird niemals eine Kamera von innen eine Redaktionskonferenz filmen dürfen, schön blöd, wer das erlaubte.

Und die, die es dennoch tun, die, die sich öffentlich über das seltsame Gebaren von Riesenfernsehanstalten monieren (wie der DSDS-Kandidat Max Buskohl, der bei der Stefan-Raab-Konkurrenz Pro Sieben nicht auftreten durfte, was den Spötter Raab zu dem Sendetitel SSDSDSSWEMUGABRTLAD inspirierte: »Stefan sucht den Superstar, der singen soll, was er möchte, und gerne auch bei RTL auftreten darf«), diejenigen werden mit dem schlimmsten Bannstrahl der Republik getroffen: *Bild* berichtet nicht mehr über sie. Zack, abgeschnitten von der PR-Simsalabim-Maschine.

Wer in Mediendeutschland etwas werden will, muss ein paar Regeln beachten:

- Niemals, wirklich niemals systemkritisch werden. Die Erfolgsautorin Hera Lind wurde erst in dem Moment zu einer Persona non grata, als sie über das apokalyptische Innenleben einer Talkshow schrieb. Seitdem steht sie auf dem Themenblock »Häme«. Das Familienleben, die Scheidung, ihre Finanzspekulation: Auf einmal ist alles fragwürdig. Und die Zeitungen voll von Zurechtweisungen. Erst nach jahrelanger Büßerrolle darf sie wieder mitspielen. Und wie bei ungezogenen Kindern erst mal nur vom Rand aus. *Focus* schreibt: Hera Lind will Neuanfang versuchen. *Bild* titelt: Ich fange noch einmal von vorne an. Die *Süddeutsche Zeitung* ist sich sicher: Hera Lind unfreiwillig komisch. Der größte Fehler ihres Lebens war nicht die Ehe, die Scheidung, die Pleite – der größte Fauxpas war das Ausplaudern von Medieninterna.

- Immer hübsch bescheiden bleiben: Würde Heidi Klum eines Tages sagen: Ich wäre auch ohne Thomas Gottschalk groß geworden, es wäre ihr erster Schritt in die Langzeitarbeitslosigkeit. (Sagt man das eigentlich auch bei Superverdienern: Ich bin jetzt langzeitarbeitslos?) Und dabei geht es nicht um ein bescheidenes Wesen, sondern um möglichst oft vorgetragene Bescheidenheitsfloskeln. Wer bescheiden und zurückgezogen lebt wie beispielsweise Günther Jauch, wird trotzdem um jedes Foto bejagt. Und es gibt keinen Artikel über ihn, der nicht hämisch darüber berichtet, dass der Mann Brustbeutelträger ist. Ja, gut, witzig. Aber doch nur einmal. Was wollen minderverdienende Journalisten damit ausdrücken? Er ist so reich, dass er sich ein Krokotäschchen leisten könnte – und trägt nur einen Ledersack am Hals? Es geht um das Versichern: Ich bin geblieben, wer ich war. Und dabei – wäre das nicht in Wahrheit das Schlimmste, was diesen Leuten widerfahren könnte? Wenn einen das Star- und Mediengewimmel nicht fundamental prägte? Welcher Gottseibeiuns wäre man, ließe einen das kalt?
- Wenn selbst Harald Schmidt (seit den neunziger Jahren der größte Entertainer-Kopf, den Deutschland hat) und Verona Pooth, ehemals Feldbusch (seit den neunziger Jahren der größte Entertainer-Busen, den Deutschland hat), auf der Höhe ihrer Popularität Werbung für Karstadt machen (»Kaufregung!«), dann kann man eins davon lernen: Man kann sich nie, nie, nie seines Ersparten sicher sein. Denn es können nicht die paar Hunderttausende sein, die Karstadt bezahlt. Beide haben mehr Schotter auf dem Konto, als sie

ausgeben können. Und wenn die schon die Vorzüge eines Groß-Warenhauses herumposaunen – warum fragt man nicht mal beim Papst nach, ob er nicht für den »weißen Riesen« Reklame laufen kann?

Wer also über Deutschland etwas lernen will, schaue sich die Gestrauchelten, Verzweifelten an. Die, die in keiner anderen Branche mehr einen Job finden, die Medienstars. Die Werte, die sie vertreten, sind auch derzeitige deutsche Werte. Casting-Show-Gewinner stehen für den kometenhaften Aufstieg mit Komplett-Persönlichkeitsmetamorphose, anderem Outfit, anderer Rhetorik und der Fähigkeit, Neunzig-Minuten-Unterhaltung zu produzieren, einschließlich dreier Werbepausen. Das Gegenteil: Selbstbeständigkeit und Stetigkeit sind derzeit nicht so hoch im Kurs.

Günther Jauch verkörpert für uns das erstrebenswerte Punktuellwissen (auch wenn er selbst viel umfassender gebildet ist als vermutlich die gesamte *Tagesschau*-Redaktion in Hamburg-Lokstedt). Es geht nicht mehr um Zusammenhänge, sondern um ein Ausschließen und ein fremd-delegiertes Joker-Wissen. Mit diesem Wert ist zwar Wikipedia unser bester Freund, aber begreifen können wir damit die Welt nicht. Was uns verzweifeln und frustriert zur Fernbedienung greifen lässt. Bonsai-Bildung als Eskapismus.

Harald Schmidts Art sagt etwas über den Wunsch der Deutschen aus, sich mit Zynismus Nähe fernzuhalten. Lieber eine ironische Bemerkung als Position zu beziehen. Unverbindlichkeit als unterhaltender Opportunismus.

Selbst Frau Feldbusch/Pooth ist ideal, um den deutschen Charakter zu studieren. In dem Fall: das Frauenbild der Deutschen. Dieses ist spießig, verklemmt und leider ziemlich gestrig.

Denn wenn attraktive Frauen nur dann erfolgreich werden können, wenn sie gleichzeitig ostentativ das Dummchen geben, dann ist es gruselig. Als junge Frau hat man dann die Alternative: entweder blöd und hübsch oder klug und Fratze. Ach, Frau Schiffer, Klum, Pooth: Manchmal ist es schon ein Kreuz mit euch!

Menschliches

8 Woran Sie merken, dass Sie in Deutschland sind und nicht in einem anderen Land

- Hier werden Teebeutel getrennt: in Alu, Altpapier und Bio.
- Man trinkt Joghurtkulturen, weil man denkt, dass man davon weniger Schlacke im Darm hat.
- Und wenn doch mal der Darm verschmutzt: lieben die Deutschen die Colon-Hydro-Therapie. Schlauch in Popo, Wasser marsch und sauber. Dass der Darm sich eh ununterbrochen von selbst reinigt, weil die obersten Schleimhautzellen sich ständig erneuern, wissen nur Mediziner. Und die halten aus Boshaftigkeit den Mund.
- Deutsche zeigen in Lichterketten und Schweigemärschen gern ihre »politische Betroffenheit«. In Tübingen lief ein Schweigemarsch unter dem Motto »wer schweigt, schaut zu« durch die Straßen. Und keiner hat gelacht.
- Deutsche Frauen lieben Bücher über eine weiße Massai, ein beschnittenes afrikanisches Model oder einen übergewichtigen Jakobsweg-Pilger. Irgendwie muss Qual, Härte oder Martyrium drin vorkommen. Oder Ildikó von Kürthy.
- Für Gebärende gilt: PDA (Periduralanästhesie), Kaiserschnitt und so weiter sind verpönt. Die gute deutsche Frau presst selbst und mit Wehen. Alles andere ist »unnatürlich«.

- Wir Deutsche finden »Dove«-Produkte toll. Weil sie irgendwie authentisch sind. In Wirklichkeit haben Marketingexperten nur leicht teigige Otto-Normal-Lieschen von der Straße vor die Kamera gezerrt. Spart Model-Gebühren.
- In jeder zweiten deutschen Trendküche steht die Philippe-Starck-Saftpresse, an der man erkennt, dass der Benutzer nie, nie, wirklich nie kocht. Denn das Zeugt läuft an den Fingern runter in den Ärmel, durchs Hosenbein … schauderhaft. Aber an jeder Sauerei verdient Philippe Starck und lacht sich eins.
- Trinken Sie Kaffee nie schwarz, das ist popelig. Es muss mindestens eine Sojamilch-Latte sein mit braunem Zucker und Ahornsiruparoma. Und könnten Sie die Milch auch noch mit Kakao aufschäumen, und statt des Espressos hätte ich gern einen entkoffeinierten, geht das?
- Zu Schönheitsoperationen hat der Deutsche ein Verhältnis, so gespalten wie eine schlecht verheilte Gaumenspalte. »Wenn es medizinisch notwendig ist, dann ja. Aber einfach nur wegen der Schönheit? Also, das würde ich nie machen.« Fazit: Spritzen, lasern, schmirgeln ist okay. Schnippeln nicht. Und genauer: Reden übers Schnippeln ist tabu. Erlaubte Schönheitsoperationen sind zur Zeit: Augenlasik, Ohrenanlegen, Nasenscheidewandbegradigungen, Fettabsaugen, wenn man bei Kieser Mitglied ist.
- Gucken sie nie RTL, sehen Sie Arte, oder versuchen Sie, Ihren Nachbarn das weiszumachen. Gut geht immer der Satz: Ich sehe nur Arte, ab und zu. Mit einem guten Glas Rotwein.
- Bindegewebsmassagen sind out. Man geht zum Shiatsu.
- Ein richtiger beichtender Katholik ist spießig. Ein Kabbala-Anhänger mit buddhistischen Einschlägen muss es wenigstens sein.

- Die Dichte der Baumärkte ist größer als überall sonst. Beliebteste Fragen: Mischen Sie auch Farben an? Wo ist denn der Gartenmarkt? Sind das auch Nicht-Tropenwaldhölzer?
- Die neuste Bindenwerbung: Eine Frau wandelt mit zwei schwarzen Bodyguards links und rechts durchs Leben. Sie symbolisieren den Auslaufschutz am Rande der Binde. So beschützt will die deutsche Frau sein. Oder hat das nur ein bekiffter Marketingfuzzi erfunden, dem nachts seine Pizza kalt geworden ist?
- Der Dativ ist dem Genitiv sein Tod: Seit es einen stilsicheren Korrekturleser beim *Spiegel* gibt, der sein Geld damit verdient, dass er in Büchern, Shows und Fernsehsendungen von der deutschen Grammatikschwäche schwärmt, verschenken Deutsche wieder ein Oberlehrerbuch. In Kombination mit *Lob der Disziplin* und *Moppel-Ich*.
- Wir Deutsche lieben Bionade. Weil es ein Gutmenschengetränk ist.
- Wir Deutsche räumen nicht mehr auf, wir gestalten unsere Wohnung nach Feng Shui. Und immer schön den Toilettendeckel schließen. Sonst bleibt in der Wohnung kein Geld.
- Gunther von Hagens: Erst sich über seine Leichenfledderei aufregen, aber dann in Massen in seine Ausstellungen marschieren.
- Kühlschrankmagnetwörter geben uns Deutschen das Gefühl, unmittelbare Nachfahren von Goethe zu sein. Ein unmittelbarer Blödsinn. Es ist nur Scrabble für Legastheniker.
- Wir daddeln gern, aber nicht öffentlich. Das Höchste, was wir uns eingestehen, ist: Es gibt auch gute Computerspiele. Das ist aber das Arte-Themenabend-Argument. Zieht nicht wirklich, denn natürlich gibt es auch gute Computerspiele. So wie auch die Hölle gute Seiten hat: Man friert nicht, hat

keine Höhenangst, darf ungestraft pupsen, riecht dort eh alles nach Schwefel …

- Wahlweise gesteht der Deutsche: Ab und zu gönne ich mir schon mal einen Burger, ich gehe nicht in eine Muckibude, sondern zum Rückenkrafttraining von Kieser, ab und zu kaufe ich auch bei Aldi, die haben guten Sekt …
- Die Deutschen lieben Gutmenschenläden wie Manufactum oder JAKO-O – es minimiert das schlechte Gewissen, vierzig Euro für einen Türknauf oder zwanzig für eine Kinderstrumpfhose auszugeben.

9 *Nur die Harten kommen in den Garten*

Die Deutschen schwitzen. Aber sie legen immer ein Handtuch drunter. Ich behaupte: Kein anderes Volk arbeitet derart diszipliniert und systematisch an seiner Gluteusmuskulatur, dem Bizepswachstum oder einer Sehnenscheidenentzündung wie wir.

Das mag zum einen in der Turnvater-Jahn-Tradition begründet liegen: Seit diesem Herrn mögen wir irgendwie sportliche Ertüchtigung, und so langsam haben wir uns auch von der keulenschwingenden Nation zum modernen Work-out-Völkchen gewandelt.

Der typische deutsche Sportler ist heute weiblich, 32 Jahre alt, angestellt und trägt morgens ins Büro ein umfangreiches Equipment mit, damit sie nach Dienstschluss noch schnell im Fitnessstudio um die Ecke entweder den Bauch-Beine-Po-Kurs absolviert oder sich mit dehnbaren Gummibändern, wackeligen Kugelscheiben oder kleinen Trittleiterchen quält. Zusammen mit siebzig anderen 32-Jährigen und einer Vorturnerin, die vorne steht und zu Dire-Straits-Rhythmen »Noch acht, noch sieben, noch sechs, come on, noch fünf« bellt.

Das Ganze kann man sich bei unseren europäischen Nachbarn nicht derart systematisch vorstellen: Die Franzosen gehen lieber essen (und sind im Schnitt trotzdem dünner als wir Deutschen), die Schweden, Dänen, Norweger bewegen sich gern in der Natur, aber nicht im Spiegelsaal, und die Engländer wiegen so viel wie Deutsche und Franzosen zusammen.

Selbst die Amerikaner machen im Vergleich zu uns viel weniger Sport. In den USA gibt es zwar viele Fitnessfanatiker, aber ebenso viele Super-Size-Me-Schwergewichtige, die man höchstens mit Diätcola und Chips vom Sofa herunterholen könnte.

Das Statistische Bundesamt hat an einem der vielen Weltgesundheitstage, die so über uns hereinbrechen, bekanntgegeben, dass in Deutschland über 2,2 Millionen Beschäftigte einen Beruf ausüben, der im weitesten Sinne mit Gesundheit zu tun hat: Ärzte, Physiotherapeuten, Trainer, Sportlehrer, Sportartikelverkäufer. Die Zahl wächst von Jahr zu Jahr. Und wahrscheinlich werden es, wenn Sie dieses Buch in den Händen halten, 2,5 Millionen sein – obwohl die Bevölkerungszahl schrumpft.

Wir Deutsche lieben den Sport – und je technischer, desto besser. Im Fitnessstudio wird nicht mehr eine Langhantel gestemmt, sondern man hält seine Chipkarte an eine Maschine, die automatisch Gewicht, Größe und Pulsvorgabe einstellt. Es scheint, als verleihe uns der Nimbus des Maschinenhaften zusätzliche Motivation.

Einfache Mountainbikes sind heute so komplex konstruiert, dass man für ihren Gegenwert auch ein gebrauchtes Auto kaufen könnte, und selbst der Laufsport, eigentlich das Natürlichste per se, läuft nicht mehr ohne Pulsuhr ab. Und Wasserfläschchengürtel. Und Schrittzähler am Schuh. Es gibt Internetforen, Blogs und Links zu Lauftechniken, Trainingseinheiten und Leistungsmaßen. Ob es hierzulande wirklich Jogger gibt, die lediglich laufen – man fragt es sich.

Und während die typischen mittelalten Sportler (DINK, ***D***ouble ***I***ncome ***N***o ***K***ids – Städter, besser verdienend) sich immer mehr einen eingeschränkten Bewegungsradius aufnötigen, um bei der jeweiligen Übung möglichst wenig falsch zu machen (Fitnessstudios wie Kieser oder Eisenhower nennen das dann »Gesundheitstraining« oder »Rückenschulung«), trainieren die Alten noch immer fleißig für das Sportabzeichen: 5000 Meter, Kugelstoßen, Weitsprung, Sprint.

Dieser Generation ist neben dem Sport aber auch der kommunikative Kontakt wichtig, weshalb die meisten in Kleingruppen auf das Sportabzeichen trainieren. Und diese Kontaktaufnahme ist – neben dem Schauplatz ihres Sports, der findet nämlich draußen statt – der größte Unterschied zu »jungem Sport«, wer fünf-, sechsmal pro Woche trainiert, der will die Gewissheit haben, dass er jederzeit eine Maschinenverfügbarkeit hat. In Berlin gibt es 24-Stunden-Fitnessstudios, und die ständig wachsende Mitgliederzahl zeigt, dass es ein Bedürfnis anspricht, zumindest theoretisch morgens um 3.46 Uhr zum Work-out gehen zu können.

Und während die einen emsig Maschinen drücken und die anderen tratschend Kugeln stoßen – verfetten und körperverdummen die Jüngsten. Schon jetzt ist jedes dritte Schulkind zu dick, und wenn man Kinderärzten und Sportlehrern glaubt, dann kann die Mehrzahl der Erstklässler nicht mal eine Rolle vorwärts, früher ist man mit dieser Fortbewegungsart durch das ganze Haus gerollt. Auf den Hof, in den Garten: Das waren koordinative Fähigkeiten, die heute verschüttgegangen sind. Weswegen man sich wieder in so kompliziert konstruierte Maschinen zwängen muss, um eine einfache Körperübung perfekt ausüben zu können. Hier schließt sich der Kreis. Mit Anfang zwanzig wird auch diese Generation merken, dass sie auf dem Balzmarkt weniger Chancen hat, wenn sie nicht bald anfängt, Sport zu treiben.

Sportlehrer war früher ein cooler Job. Man konnte besser Fußball spielen als die klassenbesten Jungs, schwebte elfengleich über den Balken und hatte immer einen flotten Spruch auf den Lippen. Heute ist Sportlehrer an einer typisch deutschen Gesamtschule Frustrationstoleranz-Yoga. »Die Mädchen haben alle drei Wochen ihre Regel. Und wenn man nachfragt, sagen sie: ›Dann fragen Sie doch meinen Frauenarzt.‹ Die Jungen stehen gelangweilt in der Ecke und können nicht mal einen einfachen Handstand-Überschlag«, erzählt mir ein Bremer Sportlehrer, kurz vor der Pensionierung lang genug dabei, um den Frust in Bahnen zu lenken. Zu kurz, um es zu akzeptieren.

Radtouren und Zelten in Schweden – das waren Orte, die vor fünfzehn Jahren für Kursfahrten angeboten wurden, heute fliegt man zum Beachvolleyball nach Fuerteventura. Und rennt dann geschlossen ins Fitnessstudio des Drei-Sterne-Hotels.

Warum diese ungeheure Sportwut? Diese Verbissenheit, diese Konsequenz, mit der wir Deutschen ab 23,5 Jahren anfangen, unseren Körper zu formen, als wäre er ein Knetgummipilz?

»Wir leben in einem Zeitalter der real existierenden Gesundheitsreligion«, schreibt Manfred Lütz, Chefarzt des Alexianer-Krankenhauses in Köln und Mitglied der Päpstlichen Akademie für das Leben in der *ZEIT*. »Alle Üblichkeiten der Altreligionen sind inzwischen im Gesundheitswesen angekommen, Halbgötter in Weiß, Wallfahrten zu Spezialisten, Krankenhäuser als die Kathedralen unserer Zeit, die das ›Gefühl schlechthinniger Abhängigkeit‹ erzeugen, das nach Friedrich Schleiermacher Religion charakterisiert.«

Und eine Erklärung für das Anbeten des Gottes im eigenen Leib hat Lütz auch: »Unmerklich ist die Lebenszeit der Menschen drastisch zusammengeschmolzen. Während der mittelalterliche Mensch seine diesseitige Lebenszeit plus ewiges Leben vor sich hatte, ist der Glaube an ein Jenseits den westlichen Gesellschaften zunehmend abhanden gekommen. Das Ergebnis ist: Dem heutigen Menschen bleibt nur noch unendlich weniger Lebenszeit übrig – sein begrenztes Leben auf dieser Welt. Je mehr dessen gewahr wird, desto mehr bricht im Wartesaal des Lebens Unruhe aus. Es hat sich herumgesprochen, dass alle sterben werden, an der Vogelgrippe, an BSE, an AIDS, am Leben, ohne Ausnahme, und dass kein Zug mehr fährt, noch nicht einmal nach nirgendwo. Panik kommt auf, rette sich, wer kann. Mit dem ewigen Leben rechnet zwar keiner mehr, aber wenigstens sterben möchte man nicht.«

Religionsverdrossenheit, Turnvater-Traditionen und die Gewissheit, dass man zwar ohne naturwissenschaftliche Grundkenntnisse durchs Leben schlittern kann, nicht aber ohne gestählte seitliche Bauchmuskeln, machen aus uns Deutschen also ein Volk der Renner und Stemmer.

Was uns manchmal den wieder aufgewärmten Ruf der tumben Germanen einbringt. Wenn Sie wirklich etwas über den deutschen Charakter erfahren wollen, gesellen Sie sich einen Nachmittag lang in eine x-beliebige Damenumkleidekabine eines Fitnessstudios. Rasieren Sie sich dort, überall, wo Sie mögen, keiner wird Anstoß daran nehmen, Cremen Sie sich reichlich Ihre aufgeschürften Fußballen ein, und tuschen Sie sich ausgiebig Ihre Wimpern. Die Gesprächsfetzen, die Sie dabei belauschen, sind Soziologendelikatessen. Es kommt nicht darauf an, sich mit Bekannten zum Sport zu treffen und dort selbstverständlich auch zu reden. Es kommt darauf an, peinliche Geräusche (Toilettenspülung, Schluckauf oder, gottbewahre!, Schlimmeres) zu übertönen. »Hast du gestern die neue Folge von *Dr. House* gesehen?« – »Ui, weiß jemand, wie man Spargelcremesuppe macht?« – »Wir fahren dieses Jahr nach Neuseeland. Weil's dort so schön grün ist.« »Guck mal, meinen Schwabbel am Po.« (Belauscht beim Kieser Sport in Hamburg-Winterhude am 15. April 2008)

Man kann auch ein Radio anstellen.

10 *Haste was, biste was oder: draußen nur Kännchen*

Es gibt etwas, auf das sind wir Deutsche seit Jahrhunderten unglaublich stolz. Nein, nicht unser schickes Eigenheim, auch nicht Gartenzwerg, Sitzecke oder das Frankfurter Würstchen locken uns rosarote Überlegenheitsgefühle in den vorderen Hirnlappen.

Wir Deutsche sind stolz darauf, dass wir die besseren Italiener sind. Ehrlich.

Ich lebe in Hamburg. Rauhes Klima, kalter Wind, strenges Wetter. Die Dichte der Friseure ist höher als in Freiburg oder in Heidelberg, weil hier Wetter noch Wetter ist. Trotzdem: Sobald im Februar ein einziger Sonnenstrahl sich durch den wolkenverhangenen Wetterdunst gezwängt hat, sobald er in der grauen Stadt auch nur eine halbstündige Aufenthaltsgenehmigung ergattert hat – zerren alle BMW-Cabriofahrer Auto, Sonnenbrille und Gattin hervor und fahren dachfrei den Jungfernstieg auf und ab. Nicht laut hupend, sondern Vivaldi hörend.

Wir Deutsche wollen so lässig sein wie Südländer und sind in diesem Bemühen ganz fürchterlich bieder-deutsch.

Der Mann meiner Freundin möchte, dass seine drei Kinder in den lässig-leichten Genuss der südländischen Zubettgehzeiten kommen. Sonntagabend also müssen die Kinder nicht schon um halb acht ins Bett, … lass sie doch noch ein bisschen aufbleiben, … sie stören ja nicht, findet Papa Theo – und schreitet zum Plasmafernseher, wo er erst rituell die *Tagesschau* sieht, dann den *Tatort* und anschließend *Anne Will*. Die Mutter kann derweil sehen, wie sie ihren Kindern die 215 Toten aus dem Gazastreifen und die fünf Leichen aus dem *Tatort* kindgerecht erklärt.

Kein moderner Vater würde seiner Frau raten: »Lass doch die Kinder noch ein bisschen aufbleiben, das machen die Finnen doch auch.« Dabei sind die Skandinavier in jeder Pisa-Erhebung viel weiter.

Wir wollen lässig sein – aber sind es nicht und sind damit noch weniger lässig als die Spießer, die wissen, dass sie spießig sind – und es auch kultivieren.

Es gibt es nichts Deutsch-Typischeres als den Weltmann in Manufactum-Klamotten, der *»due Cappuccini per favore«* oder so ähnlich ordert. Der englische Aushilfskellner schaut genervt-beherrscht, und der polnische Koch weiß eh nicht, was per favore bedeutet.

Diese italienischen Deutschen kaufen auch Regionalkochbücher Hessen, aus denen sie dann »Spaghetti al limone« nachkochen, ohne zu wissen, was Zitronen mit der Regionalküche

Hessens zu tun haben. Diese Leute achten auf Qualität, Authentizität und gern selbstironischen Südländerkitsch, denn eine heilige Madonna stellen sie sich als Klorollenhalter bereitwillig in die Gästetoilette.

Woher kommt diese Südländerverehrung? Sobald wir im Urlaub sind, verwandelt sich doch für uns südländische Lässigkeit in Schlamperei und Unzuverlässigkeit, warum aber wollen wir in unserem Struktur-Deutschland ausgerechnet diese Antipoden-Aspekte?

Vielleicht ist unser Literaturmaskottchen Goethe schuld. Seit seiner legendären Italienreise denkt jeder zweite Deutsche, er würde so klug wie Johann Wolfgang von, wenn er zumindest dessen Reisestätten besucht. (Landbrüder und -schwestern: Goethe war auch in Weimar! Also ab dahin! Nachsitzen!)

Im 18. und 19. Jahrhundert war für jeden Künstler Italien das Mekka schlechthin. Die Nazarener eroberten den kreativen Süden, viele Maler, Dichter, Musiker erlebten Italien als gelobtes Land. Nach dem Zweiten Weltkrieg wurde von uns Deutschen die Sehnsucht nach Italien (nach Sonne, Lebensart, Schwerelosigkeit) trivialisiert und popularisiert. Die *Capri Fischer* waren die unumstrittene Nummer eins im tristen und harten Nachkriegsdeutschland. Zehn Jahre später konnte sich auch der kleine Mann auf der Straße immerhin schon einen Kurzurlaub im Wohnwagen mit Frau, Kind und Pudel leisten. In den sechziger, siebziger Jahren wurde es schick für Intellektuelle, sich ein Häuschen in der Toskana zu kaufen: Michael Ende (*Momo*) schrieb etwa dort oder Robert Gernhardt.

Und in den Achtzigern, Neunzigern gab es eine ganze Politikergeneration, die die Toskana verehrte, als wäre es die Geburtsstätte von Karl Marx, Friedrich Engels und Willy Brandt: Unser früherer Außenminister Joschka Fischer hat sich einst damit einen bleibenden Ruf verschafft, indem er die gesamte *Spiegel*-Elite zu Wasser, einem einzigen (!) Apfel und einem Hauch (wahrscheinlich ist das leider wörtlich zu nehmen) Pecorino-Käse mit Akazienhonig in die Toskana zum Urlaubsinterview einlud.

Toskana heißt für uns Deutsche: Lebenskunst, Intellektualität, Sonne, Wein. Wenn wir die Toskana loben, dann erzählen wir in Wirklichkeit etwas über unsere Sehnsucht. Seht her, wir sind so zuverlässig wie die Deutschen, aber so lässig wie die Sizilianer.

Die Italienhysterie wird in Deutschland seit ein paar Jahren von der Asienwelle abgelöst. Derzeit ist Buddha das neue Symbol für Lebenskunst.

Jeder zweite Deutsche behauptet, durch Yoga würde der Beischlaf intensiver, Sushi wirke darmentschlackend und der Dalai Lama sei ein »ganz außergewöhnlich interessanter Gesprächspartner«. Mit dem Gebetsbändchen als Autoschlüsselanhänger durch Hamburg zu fahren ist ungefähr so albern wie den fachsimpelnden Italiener abzugeben. Es ist spannend zu raten, was in zehn Jahren angesagt sein wird. Riga, Kambodscha, Kamerun?

11 *Kinderfreundlichkeit – Kinderunfreundlichkeit*

Deutschland ist kein kinderfreundliches Land, sagt man. Eine geringe Geburtenrate. Viele Einzelkinderfamilien. Spätgebärende. Kindergärten müssen schließen wegen unzumutbaren

Lärms für die Nachbarn. Bringt man Dreijährige zu einem Gottesdienst mit, kann man auch gleich den Fernkurs »Rhetorik und Aggression« buchen. Wenn man gar in ein Restaurant seine Gören mitnimmt, fliegen feinzerstäubende scheele Blicke hin und her, als wären es Hustenbazillen: Halten die lieben Kleinen den Mund, spucken, lachen, rempeln sie? Fordern sie ohne bitte und danke »mehr Milchschaum«? Dann beugt sich des Nachbarn lästerliche Zunge diskret zu seinem Gegenüber und wispert distinguiert: »Also, man muss die Kinder ja auch nicht zu jeder Location mitschleppen, oder?«

Das Kinderunfreundlichste an Deutschland sind aber oft nicht die Kinderlosen. Sondern die Eltern. Weil sie ihre Kinder mit einem ganz speziellen Ehrgeiz frühzeitig auf die Härten des Lebens vorbereiten. Die *Super Nanny*, ein TV-Format, das Erziehungsmissstände live und in Farbe korrigiert, gehört zu den erfolgreichsten Formaten, die der Sender RTL zurzeit hat. Eine Sozialpädagogin reist von Familiendesaster zu Familiendesaster und moniert in feinsten Soz-Päd-Deutsch: »Also, ich spüre hier eine ungeheuere Kälte und Einsamkeit.« Dann bringt sie Erziehungstipps auf den Tisch, die vor Banalität und Wichtigkeit nichts zu wünschen übrig lassen: gemeinsame Mahlzeiten, Ordnung und nein: Auf den Popo schlagen mit Rute und Gerte ist nicht in Ordnung. Wichtig bei diesen Ein-Stunden-Formaten ist hinterher eine erleichterte Mutti, die mit tränenerstickter Stimme in die Kamera trötet: »Also, die Katja hat uns schon sehr geholfen, wirklich, nee: wirklich.« Aber es gibt auch viele subtilere Erziehungsverbrechen. Manche sind so alltäglich, dass sie kaum auffallen.

Bremen, Einkaufszentrum Weserpark. 120 000 Quadratmeter Verkaufsfläche. 50 000 Besucher pro Tag. Adler, Deichmann,

Bijou Brigitte. Hier baut heute eine Baby-Casting-Agentur ihren Stand auf.

Rund 2500 Kinder hat der hiesige Veranstalter in seiner Kartei, die meisten lassen sich gern fotografieren, erzählt er. Eltern zahlen für ein »professionelles Fotoshooting mit anschließender Versendung einer professionellen Set-Karte« rund dreißig Euro. Die jüngsten Kinder sind vier Monate, die ältesten sechzehn Jahre. Gefallen einer der derzeit über 600 bundesweiten Fotoagenturen die fotografisch festgehaltenen Motive, bekommt die Baby-Casting-Agentur eine Vermittlungsgebühr von 75 Euro und ein Drittel des anschließenden Honorars, das die Kinder verdienen. 200 Euro pro vermitteltem Kind sind eher ein kleiner Verdienst.

»Muss er genau vier Monate alt sein?«, fragt die blonde Mutter. »Benjamin ist nämlich erst dreieinhalb Monate.« »Das macht nichts«, beruhigt sie Uwe Kreuzthaler, Chef der Casting-Agentur Profi-Casting, »wenn Ihnen die Setkarte zugeschickt wird, ist er vier.« Benjamin kann noch nicht allein sitzen. Also wird seine Mutter bei dreißig Grad Außentemperatur komplett in einen terrakottafarbenen Knautschvorhang gewickelt.

Benjamin schreit. Und reagiert nicht auf die quakende Quietschente, mit der die Fotografin wedelt. Sie steht anderthalb Meter von ihm entfernt. So weit kann ein vier Monate altes Baby noch nicht gucken. Er schreit. »Er sieht gar nicht aus wie ein Baby«, sagt seine Mutter, »alle sagen, er hat schon so markante Gesichtszüge.«

Im Moment sieht Benjamins Mutter aus wie eine Riesenroulade, die man dringend abkühlen lassen sollte und die sehr beherrscht versucht, ihren Sohn zu beruhigen. Er brüllt.

»Du bist ja ein ganz Frecher«, sagt die Fotografin.

Gebrüll.

»Oh, und so laut kannst du schon schreien.«

Er hört sie nicht, weil er lauter schreit, als sie spricht. Seine Mutter-Roulade wippt ihn hin und her.

»Ich würde sofort erlauben, dass er Werbeaufnahmen machen darf«, sagt sie, »Voraussetzung ist allerdings, dass ihm bei den Fotos keine Gewalt angetan wird.«

Liebe Roulade, hörst du nicht, dass dein Kind schreit? Siehst du nicht, wie es strampelt? Fühlst du nicht, wie es sich wehrt? Die Mutter sieht einen temperamentvollen Sohn, der sowieso dreißigmal am Tag brüllt. Der mit vier Monaten schon einen eigenen Kopf hat und weiß, was er will. Der voller Tatkraft das Fotografenteam beschäftigt und dessen Aufmerksamkeit absorbiert. Es ist ein Trugschluss, den alle Mediengeprägten glauben: Die Welt schenkt nur solchen Aufmerksamkeit, die es verdienen.

Wann mutieren Mütter zu Monster? Wenn es um ihre Kinder geht. Und wenn es um die Schönheit ihrer Kinder geht, werden sie zu Bestien. Warum machen Mütter das?

Weil sie dumm sind – wäre zu einfach. Auch die willkommene Abwechslung zwischen Milupa, Pampers und Penaten ist wahrscheinlich nur ein kleiner, vordergründiger Grund.

Das erste öffentliche Fotoshooting, in einer zunehmend durchmedialisierten Welt erfüllt den Tatbestand einer besonderen Würdigung. Star ist heute jeder, der öffentlich ist. Egal ob er Tennis spielt wie ein junger Becker oder als Multisanostol-Testimonial. Wichtig ist die öffentliche Präsenz: Ein hochbegabtes Kind, das seinen Vater im Schach schlägt, ist weniger prominent-*hervorragend* als ein Söckchen-Model beim Otto-Versand.

Das ist nicht ungewöhnlich. Denn aus welchen Motiven bekommen Eltern Kinder? Um Werte weiterzugeben, um selbst weiterzuleben, um damit *ein bisschen* unsterblich zu werden. Ein von Profis fotografiertes Kleinkind legt Zeugnis über diese Illusion der Unsterblichkeit ab.

»Und jetzt ist absolute Ruhe, ist das klar?« – »Jamama.« »Und lass mich bitte los, ich kleb' eh schon.« – »Jamama.«

Svea, fünf, steht beim Shooting wie eine Eins mit Sternchen, setzen. Die Fotografin lässt sie die Hand in die Hüften stemmen und den Fuß eindrehen. Die Geste passt überhaupt nicht zu dem schüchternen Kind, aber so soll sie frech, unkompliziert und selbstbewusst aussehen. Es wirkt schablonenhaft-konsumig, *alle* Mädchen müssen an diesem Nachmittag die Hand in die Hüfte stemmen und den Fuß eindrehen. Jungen werden breitbeinig hingestellt mit beiden Händen in den Hüften, »wie ein kleiner Cowboy«, strahlt eine Mutter. Es sind Karikaturposen, weil sie erwartbar sind und unpersönlich. Kein Kind darf sich seine Gesten und Mimiken aussuchen. Kein Kind hat auf den Fotos *sein* Gesicht.

»Svea, sag mal Spaghetti«, bittet die Fotografin. Sveas Mutter steht im Hintergrund – mit zwei ungekochten Spaghetti als Mund.

Natürlich werden auch in anderen europäischen Ländern Fotoshootings gemacht, als gelte es, eine Lebensversicherung auf Schönheit abzuschließen. Von Amerika ganz zu schweigen. In Deutschland sind das Muttersein und Kinderhaben jedoch immer noch heiliger Ernst. Also wird auch mit gleicher Akribie an der Inszenierung gearbeitet. Man *macht* viel mit Kindern, ohne es mit ihrem Einverständnis zu tun. Der Spielplatz ist toll – aber eine Höhle im Wald mitzubauen wäre individueller. Die bräsige Mutti, die sich auf der Bank am Rande der Rutsche unterhält und nur ab und zu ein penetrantes »Jan-Detlef, nicht so dolle« ihrem Sprössling zuruft, ist nicht kinderlieb – sie tut nur ihre Pflicht, ihr Kind zu lüften. Die eigentlichen Bedürfnisse ihres Kindes entdecken, ausprobieren, frei sein, ignoriert sie auf Kosten eines sicheren Kinderaufbewahrungsortes.

Nachmittags Sport, Musik oder Sushi rollen zu lernen ist toll – aber einen Terminkalender zu haben, der schon der Dichte eines Sparkassenabteilungsleiters gleicht, ist atemraubend und entspricht eben nicht den Bedürfnissen des Kindes. (Und denen der Mutter im übrigen auch nicht.)

Fischstäbchen, Hähnchensticks, Pommes oder Früchteriegel, Dinkelkekse, Apfelringe sind toll – aber sie lehren die Kinder, dass man dauernd etwas zwischen den Kaumuskeln haben muss. Ohne Essen kein Spiel. Was für ein lebenslanger, nicht wegzuimprovisierender Zwang.

Ein Bekannter berichtet mir schaudernd, dass er einst auf eine eifrige Mutter traf, die mit ihrer Tochter schon in fünf Michael-Jackson-Konzerten war: Berlin, Hamburg, Köln, München und nun: Frankfurt.

»Natürlich mache ich das nicht meinetwegen, sondern wegen Lara«, strahlte die Emsige.

Ihr Fan-Tournee-Wahn spricht eine andere Sprache. Hier benutzt man (ist das schon Missbrauch? Ich weiß es nicht) die Jugend der Tochter, um eigene Teenieinteressen zu rechtfertigen. Sie selber trug Glitzerjeans, lässiges Nena-Sweatshirt in billig, Glitter-Lidschatten, Lipgloss in karies-rosa. Eine 42-Jährige, die dreizehn sein will. Lara stand neben Muttern – und schwieg. Keine Spur von echter, RTL2-reifer Michael-Jackson-Hysterie.

»Sei doch mal Mamas kleiner Liebling«, versucht eine Mutter Tochter Lilly zu motivieren.

Die steht da mit hochgezogenen Schultern, zusammengekniffenen Augen, dem Daumen im Mund, einem gebückten

Gang, gekräuselter Nase, gefletschten Zähnen. Nur eine dieser Gesten würde ausreichen, und Psychologen sprächen von einer gebundenen Körpersprache, einem körpersprachlichen Indiz, dass der Mensch mehr bei sich als in seiner Umwelt ist.

»Haben wir Chancen mit Lilly?« Die Mutter fragt die Fotografin, als säßen sie beim Arzt.

Was lernen die Kinder, wie prägt das Shooting?

Sie lernen eine abrufbare Animationsrhetorik: pfeifen, lachen, Triller jodeln und jede Art speichelerzeugender Pressgeräusche, möglichst langgezogen, feucht-klingend und guttural. Wichtig ist nicht, dass sie fröhlich sind, wichtig ist, dass sie fröhlich aussehen.

Sie lernen eine Medialisierung und das buchstäblich von klein auf: Wichtig ist nicht, was du machst, wichtig ist, was du in den Medien machst. Sie lernen ein Selbstverständnis, das sich nicht aus Talent, Fleiß oder Können speist, sondern aus einer Inszenierung. Wichtig ist nicht, was sie sind, wichtig ist das, was sie darstellen. Vielleicht sind es die Gestrigen, die diese Fähigkeiten zynisch finden.

Eine Mutter, Fußkettchen, Steißbeintattoo und Acryl-Minirock mit ihrer circa fünfjährigen Tochter, beide essen ein Eis: »Willste da mitmachen?« – Keine Reaktion – »Kommste ins Fernsehen.« – Keine Reaktion – »Wirste berühmt.« – … – »Kannste viel Geld verdienen.« – Erster fragender Blick – » … kannste dir alles kaufen. Also, willste mitmachen?«

»Schön, dass diese kleine Lady Lust hat, bei uns mitzumachen«, sagt der Veranstalter. Und strahlt.

Deutschland, so wird das nischt mit dem Rentenproblem.

Leib und Seele

12 Schokolade: schleck

»Zucker sparen – grundverkehrt, der Körper braucht ihn, Zucker nährt«, sagte meine Großmutter, 1903 geboren. »Schokolade nur sonntags, wir haben doch keinen Dukatenesel im Keller«, sagte meine Mutter, geboren 1930. »Zucker macht die Darmflora kaputt. Und die Zähne«, sagt meine Schwester, Jahrgang 1964.

Und das beschreibt vielleicht auch den Wandel der Süßwaren in den vergangenen hundert Jahren. Ganz zu Beginn des vergangenen Jahrhunderts galt Zucker fast schon als Delikatesse, jedenfalls als seltenes Nahrungsmittel, das dem Körper schnell Energie liefert. Verboten? Nein, wieso? Dann, nach dem Zweiten Weltkrieg, wurden Süßwaren noch als Geschenk gehandelt, Omas brachten ihren Enkeln zum Geburtstag eine Tafel Schokolade mit, die wurde sorgsam in Rippen und Stücke geteilt und über Wochen hinweg vernascht. In wie viele der unzähligen DDR-Pakete kam obenauf eine Tafel Milka-Schokolade – für den Zoll als Bestechung? Nur um sicherzugehen, dass das sorgsam gepackte Paket nicht unterwegs »verloren« ging.

In den Siebzigern explodierte die Zuckerwirtschaft in Deutschland. Sie begann, Riegel herzustellen, ein Tribut an eine immer mobiler werdende Gesellschaft, die lieber achtzig Gramm unterwegs isst, als eine Tafel Schokolade anzubrechen. Die beiden Grundtypen von Schokoladeessern, die Lutscher und die Kauer, wurden von den Marktführern mit Milka (»die zarteste Versuchung, seit es Schokolade gibt«) und Ritter Sport (»knick, knack, auf Zack«) versorgt.

Und heute? Sind Chocolaterien der neuste Trend, teuer und sorgsam eingerichtet wie Cohiba-Zigarren-Läden. Sie bieten Kakao an, als wäre es Kaviar. Die Räume sind meist in dunklem Rot gestrichen, an den Wänden hängen Sinnsprüche, die der Lebensphilosophie von Pippi Langstrumpf ähneln (»widdewiddewitt, ich mach' mir die Welt, wie sie mir gefällt«), und ein natürlich gertenschlanker, yoga-verrückter Schokoladenverkäufer mit langem Zopf und Lederweste bröckelt sorgsam ein Stück Schokolade vom Block, ein halbes, vielleicht nur ein viertel Gramm. So wenig, dass man als Kunde ein schlechtes Gewissen bekommt: »Mann, mir würde auch ein Milky Way schmecken, aber das hier zuzugeben … Sakrileg.« Also kauft man eine handgeschöpfte Schokolade aus Paris, Hongkong oder irgendeinem fernen Land, mit weißem Mohn oder grünem Tee oder frischem Pfeffer. Als Geschenk für die Tante. Die lässt es sorgsam verpackt, nascht lieber an Mon Chérie und nimmt die Tafel das nächste Mal für ein nettes Gemeindemitglied als Krankenbesuchspräsent mit.

Banause, wer nur eine einfache Vollmilch wählte. Vulgär, wer dazu nicht einen guten Rotwein trinken würde, sondern ein Glas Milch. Verpönenswert, wer meint, Schokolade, die fünfzehn oder zwanzig Euro je Hundert-Gramm-Tafel koste, sei überteuert.

Schokolade, die normalste aller Süßigkeiten, wird in Deutschland gerade zu einem Häppchen geadelt. Oder zu einem Wellnessprodukt. Kein Wort davon, dass es Allergien auslösen kann oder Karies verursacht. Gute Schokolade, ach, herrje, kann alles: Blutdruck senken, Cholesterin auch, und die Lebenserwartung steigt bis ins Unermessliche. Sagen Schokoladenfachverkäufer und bröckeln gleich wieder an ihrem Täfelchen herum, wie es damals die deutschen Nachkriegskinder auch taten. »Wichtig ist, dass die Qualität stimmt«, sagt ein Yoga-Tantra-Lebensglücksverkäufer aus Hamburg-Winterhude. »Die Schokoladen, die wir führen, sind absolut pur und zu hundert Prozent gesund.«

Ja, klar, schon allein deshalb, weil man sein Geld nicht für anderen Blödsinn verticken kann. Schwerter zu Pflugscharen – Schokolade for President.

Alle übrigen halten sich bitte an Jogger Gums oder Schweinespeck. Es ist genug für alle da.

Seit 1999 stieg der Export deutscher Süßigkeiten um 77 Prozent. Produktion, Einfuhr, Ausfuhr und Inlandsangebot stiegen seit 1985 kontinuierlich an, wie der Bundesverband der deutschen Süßwarenhersteller stolz auf seiner Onlineseite verkündet.

Noch stolzer ist er allerdings noch auf zwei weitere, sogar wissenschaftliche Untersuchungen, die genau genommen nur exakt dokumentieren, wie gesund süß ist.

Zum einen haben Wissenschaftler, italienische noch dazu, herausgefunden, dass Frauen, die viel Schokolade konsumieren, ein erfülltes Liebesleben haben. Also her mit Bounty und Co. Macht attraktiv.

Zum anderen zeigen die Ergebnisse einer deutschen Verzehrstudie, dass der derzeitig »übliche Verzehr von Süßwaren nicht die Entstehung von Übergewicht verursacht«.

»Entgegen gängiger Vorurteile essen Übergewichtige nicht mehr Süßwaren als Normalgewichtige. Im Gegenteil: Im Durchschnitt verzehren Schlanke sogar mehr Süßwaren als Übergewichtige.«

Eine Argumentation, die an die »eine Katze hat vier Schwänze«-Prämisse erinnert: »Keine Katze hat drei Schwänze. Eine Katze hat einen Schwanz mehr als keine Katze. Also hat eine Katze vier Schwänze …«

Deutschland ist ein heimliches Süßigkeitenland. Normalerweise denkt man an Belgien (Pralinen), Schweiz (Schokolade) oder Holland (Lakritz). Deutschland hat alles drei. Der Lakritzladen Kado in Berlin vertickt allein über 400 Sorten, von diätisch bis natur-herb. Es gibt Lakritzgetränke und die beste Lakritz-Story des Monats. Und nur das Lesen der Internetseite treibt den Blutdruck wahrscheinlich gefährlich in die Höhe (was realer Lakritzgenuss leider tut).

Woran liegt das? Warum naschen die Deutschen, als gelte es einen Kariesrekord aufzustellen? Wahrscheinlich liegt es an ihrer erhöhten Mobilität. Im Auto, im Zug, auf Reisen, unterwegs kann man einen Rührkuchen schlecht essen, Süßigkeiten gehen immer und treiben mit ihrem Zucker den Blutzuckerspiegel schnell wieder auf leistungsfähig.

Wahrscheinlich liegt es auch am deutschen Bewegungsspaß: Nach einer Kraftanstrengung sind die Zuckerreserven so am schnellsten wieder aufzufüllen.

Und ganz wahrscheinlich liegt es auch am Cocooningzwang. Die Deutschen lieben ihr Wohnzimmer, die Einrichtung, ihre Möbel. Nur: Irgendwann müssen sie das auch irgendjemandem zeigen, damit all die Baumarkt- und Ikeamühe lohnen. Also Freunde her, rein ins Wohnzimmer und irgendeine Knabberei auf den schrecklich häufig asymmetrischen Couchtisch gestellt.

Franzosen treffen sich in Restaurants, dort bestellt man ein Menü, aber keinen Knabberteller.

Engländer fahren zum Picknick, dies aber mit Pies und Erdbeeren.

Die Dänen – ach, vergessen Sie's. Die haben zwei Sorten Riegel – aber doch keine *Auswahl*.

Achten Sie mal beim nächsten Präsentemitbringsel-Brainstorming darauf, was es in Deutschland alles an Süßigkeiten gibt.

13 *Altes Brot ist nicht hart – kein Brot, das ist hart*

Diese Idee musste aus Deutschland stammen: Seit 2004 kann man aus dem Stift Bethlehem bei Ludwigslust Hostien in Bio-Qualität beziehen! Damit der Kirchgang nicht nur spirituell reinigt, sondern auch noch körperlich vollwertig und gut bekömmlich ist. Ich meine: So etwas können nur die Deutschen. Eine magersüchtige Mücke zu einem adipösen Elefanten aufblasen. Bald wird auch glutenfreier Wein zum Abendmahl gereicht.

In den achtziger Jahren witterte mein Vater einen neuen Produktionszweig, als eines Tages die Landeskirche Bremen bei ihm nachfragte, ob er nicht echtsilberne Abendmahlkrüglein in der Größe von Schnapsbechern liefern könne. Wegen der möglichen AIDS-Ansteckungsgefahr, die man sich beim gemeinsamen Trinken aus *einem* Becher zuzöge, wäre es doch gesünder, den Abendmahlswein in vielen kleinen Bechern zu reichen. »Oh ja«, nickte mein Vater, ohne die blasseste Ahnung zu haben, wovon die Kirchenleute sprachen, »die Ansteckung! Und Sie müssen bedenken: Die kleinen Kelche müssen jedes Mal gereinigt werden, also brauchen Sie an einem Wochenende bestimmt den dreifachen Satz an Bechern, dazu die Diebstahlsquote … die übrigen Landeskirchen …« In seinem Hirn ratterte es. Zu diesem Geschäft kam es nie.

Heute tunkt man die Hostie üblicherweise in den Wein, nur wenige trinken noch aus dem großen gereichten Kelch. Aber das Ansinnen ist typisch deutsch, finde ich: Da wird sofort überlegt, welche 150-Prozent-Lösung es gibt, ohne den einfachen, naheliegenden Weg zu berücksichtigen. Natürlich ist Brot in Bio-Qualität gesund, aber wie viele Jahrhunderte muss man ununterbrochen Abendmahlgottesdienste besuchen, damit sich die Qualität einer Nicht-Bio-Hostie negativ auf den Organismus auswirkt? In der Zwischenzeit kann man längst beim lieben Gott persönlich vorsprechen.

Die Deutschen machen aus zwei Dingen einen Kult, eine Götterverehrung: aus dem Brotbacken und der Bio-Küche. Beides kann man wunderbar zu einer der leckersten Hysterien aufblähen, die es hierzulande gibt. Keine Frage: gut gebackenes Brot ist schmackhaft, und Bio-Qualität ist gesund, aber aus beidem kann man nicht nur eine Wissenschaft machen, sondern auch heiligen Ernst. Und der ist mitunter ganz schön kurios. Gehen Sie mal mit offenen Augen über einen deutschen Bio-Markt. Dort gibt es glutenfreies Gewürz zu kaufen. Dass Gluten Weizenklebstoff ist und somit in gar keinem Gewürz, nirgends zu finden ist, muss der Verkäufer ja nicht dazuschreiben. Auch Bio-Salz ist eigentlich eine Farce. Denn vor Jahrmillionen, als das Salz, das heute abgebaut wird, entstand, gab es noch keine ubiquitären Gifte, keine Verkehrsabgase oder gefährlichen Dünger. Doch, ich bin mir sicher!

Neulich wurden mein Mann und ich zu einem feinen Essen in ein exquisites Restaurant geladen. Der Ober reichte uns die edle, handgeschriebene Speisekarte und empfahl als Tipp des

Tages »Bio-Hecht«. Mein Mann, ein Angler mit Leib und Seele und fünf Dutzend Ruten im Keller, feixte. »Was ist denn an dem Hecht Bio?«, fragte er fies. Der feine Kellner schaute. Als er in die Küche wieselte, um »Erkundigungen, tout de suite« einzuholen, erklärte der Gatte: »Hechte können nicht gezüchtet werden, weil sie sich in Kulturen gegenseitig auffressen würden. Also ist, so gesehen, jeder Hecht Bio. Oder keiner.«

Der Schummel-Hecht war trotzdem lecker. Aber er wäre es auch ohne das deutsche Reinheitsgebot gewesen. Er schwamm, tot und wohlig, in einem See aus Kräutern, Sahne und Speck. Die Soße nahm ich auf – mit »Bio-Brot, gebacken aus Körnern, die nur bei Vollmond geerntet wurden«, so stand es auf der Speisekarte, und ich überlegte, ob auch dieses Kreativwerk nur in sternklaren Vollmondnächten gestaltet wurde, geschrieben mit Stiften, die zuvor nur pakistanische Antialkoholiker zusammengeschraubt hatten …

Brot spielt in Deutschland seit vielen Jahrhunderten eine wichtige Rolle auf dem Speiseplan. Seit einigen Jahren gibt es bei uns aber eine Art von faszinierendem Historismus. Die gute deutsche Frau backt wieder. Entweder in Brotbackautomaten, was wirklich grauenvoll ist, denn es kommen die gleichen Emulgatoren wie im gekauften Brot in die Pansche, nur dass man diese in einer Teflonschüssel hochquellen und langsam gar backen lässt. Was im übrigen auch der Grund dafür ist, warum die meisten Brotbackautomaten alles können: nur kein Brot backen. Sie erreichen einfach nicht die notwendige Backtemperatur, die für Brot benötigt wird. Das Brot wird also eher gar gewärmt als gar gebacken. Jede Hexe würde sieben Jahre und mehr in einem Brotbackautomaten überleben, würde Hänsel sie dort hineinschieben, so mickrig ist die Hitzegradzahl.

Die zweite Art, Brot herzustellen, kann man jeden Samstag

in Hamburg-Eppendorf beobachten. Um ein einfaches Vollkornbrot herzustellen, kauft Frau von Welt:

- eine Kornmühle, denn schließlich muss auch das Korn self-made geschrotet werden;
- ein spezielles Backbuch, in dem stehen dann die Zutaten drin, die man aber nur in einem
- Spezialgeschäft für Mehlsorten bekommt;
- außerdem: eine Brotbackform;
- und weil wir gerade dabei sind, verkauft ihr der Verkäufer noch eine mehlabweisende Lederschürze.

Sieben Stunden später ist das Machwerk fertig, und nun muss man sich nur noch um Beiläufigkeit bemühen, wenn Freundinnen vorbeikommen, und unauffällig fragen: »Willst Du noch Bouillon? Ich könnte auch noch *selbstgebackenes Brot* dazu reichen …«

Es muss Spaniern, Italienern und Franzosen sehr schrullig vorkommen, wenn sie in eine unserer Bäckereien marschieren. Denn bei ihnen zu Hause gibt es – *Brot* – zu kaufen. Bei uns, in der »Brot-Boutique« gibt es zwanzig Sorten Vollkorn, fünfzehn Sorten Brötchen, zehn Sorten Laugengebäck, fünf Sorten Weißbrot und meist gratis dazu eine Verkäuferin, die um ihren hohen Stand der Verkäuferehre weiß. Sie verkauft nicht Autos, Schmuck oder Bundesschatzbriefe – sie verkauft ein »Buttermilchbrötchen kross« oder eine »Laugen-Dinkel-Stange mit Mohn, aber ohne Salz«.

Die Vielfalt der Brotsorten mag an der Vielfalt der Länder liegen, die in Deutschland über Jahrhunderte existierten: Grafschaften, Herzogtümer oder Königreiche. Jeder wollte das beste Brot herstellen, und die Rezepte wurden verschwiegen weitergereicht. An das eigene Rudel – ja. An Fremde – nie.

Heute ist das erste, was sich ausgewanderte Deutsche in der Fremde von ihren Lieben wünschen: Brot. Eine Bäckerei auf Mallorca, gleich neben dem Ballermann, müsste schon Kalk in ihren Sauerteig mischen, damit sie langfristig nicht erfolgreich wäre. Brot ist das vielfältigste Nahrungsmittel, das uns Deutschen gelingt. Na, vielleicht noch Wurst, aber das ist vielleicht auch kein Wunder bei der räumlichen Nähe, die Brot und Wurst oft eingehen.

Es gibt bei uns Deutschen einen Tag des Butterbrotes, der seit 1999 am 26. September gefeiert wird, eine Kinderfigur des Fernsehsenders Kika heißt »Bernd, das Brot« und ist ein depressiver Graubrot-Misanthrop. Ach, und die vielen deutschen Brotmuseen will ich nicht vergessen zu erwähnen, wenn es um Belege geht, die zeigen sollen, wie sehr uns Deutschen das Brot ans Herz, pardon: Gemüt gewachsen ist.

Brot hatte früher eine archaische Bedeutung, im Sinne von Arbeit, Werk – »unser täglich Brot gib uns heute« –, in Deutschland ist es zu einem Statement für Design, Handwerk und Kochkunst mutiert. Brot heißt hier nicht Nebendarsteller, um der Soße die Ehre zu geben, sondern Hauptdarsteller, der sich mit einer Soße bekleckern darf.

14 *Grillen geht in Deutschland so – und nur so*

Spätnachmittag, Balkon, erster Stock eines Reihenendhauses. Mutti lackiert sich die Nägel, Vatti döst. Klein-Maximilian baut mit Lego »Bob, der Baumeister«-Straßenzüge nach.

Vatti: *Was gibt's denn heute abend zu essen?*

Mutti: *Ich dachte, ich mach' mal 'nen schönen Salat?*

Vatti: *Schon wieder? Ham wer doch erst. Nee, lass uns grillen.*

Mutti: *Ja, aber da muss ich erst noch los, was holen. Was denn? Was vom Schwein?*

Vatti: *Du kaufst eh immer zu knapp.*

Mutti: *Dann geh du doch.*

Vatti: *Nee, geh mal ruhig. Brauchst du Geld? Nimm aber keine Würstchen, sondern nur Nackensteaks. Aber reichlich. Und wenn du denkst, es ist reichlich, dann lass noch was draufpacken. Oder sag' dem Fleischer Bescheid: für drei Personen. Wenn was übrig bleibt, essen wir's morgen kalt aufs Brot.*

Mutti-Denkblase: *1. Würste sind billig, die gibt es zuvor zum Vorstopfen. 2. Ich werde nicht den Fleischer fragen. 3. Wir haben noch nie etwas kalt aufs Brot gegessen, weil Vatti immer so lange Grillfleisch isst, bis es alle ist. 4. Wenn er wenigstens noch einen Salat essen würde. Wegen der Ballaststoffe. Ich versuch's mal mit einem Jamie-Oliver-Rucola-Rezept.*

Sechzig Minuten später: Mutti kommt mit zwei Tüten vom Einkaufen wieder. Maximilian hat inzwischen »Bob, den Baumeister« zu Bob, den Zuckerbäcker umgeschult. Vatti döst.

Vatti: *Na, haste was gekriegt?*

Mutti: *Ja, sogar Würstchen.*

Vatti: *Wieso das denn??*

Mutti (aus der Küche): *Waren heute im Angebohot.*

Hundertzwanzig Minuten später erhebt sich Vatti und »schmeißt mal den Grill an«. Mutti putzt derweil Paprikaschnitze (»die kann man doch auch mal auf den Grill legen«), tupft Billigstopfwürste trocken (»im Schweinedarm«) und schüttelt das Zitronengras-Öl-Dressing in einem ausgespülten Schwartau-Erdbeerglas sämig. Maximilian spielt mit einer alten Grillbeschleuniger-Schachtel.

Vatti (zu Maximilian): *Lass das nach, sach ich! …*
(in die Tiefe des Raumes hinein) *Also, ich wär' so weit. …*
(entsetzt beim Anblick der Grillplatte, die Mutti gerade herausbringt) *Wie? Das ist alles?*
Was soll das denn sein?
Mutti: *Mal was Neues: aufgedrehtes Lamm.*
Schon fertig mariniert.
Vatti: *Und davon soll ich satt werden?*
Das ist doch viel zu wenig!
Mutti: *Wir haben ja auch noch Salat und Brot.*
Vatti: *Wir wollen grillen und nicht ewig Gras essen.*
Du mit deinem Grünzeug …
Mutti: *So viel Fleisch ist aber gar nicht gesund.*
Und dann der viele Krebs.
Vatti: *Wir werden alle schon nicht an Skorbut sterben.*
Mutti: *Darum geht es auch gar nicht.*
Vatti: *Sondern? Worum?*
Mutti: *Salat hat auch wichtig Ballaststoffe.*
Die sind für eine geregelte Verdauung wichtig.
Und für eine gute Figur.
(betretenes Schweigen)
Vatti: *Sonst noch was? Grillen wir jetzt oder was?*

Dreißig Minuten später sind die Würste verputzt, ebenso die Lammspießchen und die Schweinenackensteaks. Mutti hat Salat, Brot und ein halbes Kotelett gegessen. Maximilian zwei Würste, die er aber kurz danach wieder erbrochen hat. Vatti: den Rest. Nur vier Koteletts liegen noch auf dem Grill.

> ***Mutti:*** *Die können wir ja auch noch morgen essen. Kalt aufs Brot.*
> ***Vatti:*** *Ach, die paar, das lohnt nicht. Komm, ich ess' die eben noch mit.*

Wenn Sie von Deutschen zum Grillen eingeladen werden, besuchen Sie auf der Stelle eine Masernparty. Infizieren Sie sich mit Streptokokken oder Fußpilz. Seien Sie unpässlich, unfreundlich, unbarmherzig. Sagen Sie auf jeden Fall ab! Grillen ist eine derartig ernste und Geschlechter auseinandertreibende Angelegenheit, dass Sie nur verlieren können, wenn Sie a) entweder keinen Salat essen oder b) wenn Sie auch gerne etwas anderes verspeisen als eine halbe Sau. Maiskolben, Marshmallows, Stockbrot? Forget it! Wenn Sie unbedingt trotzdem zu einem Grillabend müssen, dann denken Sie an folgende Grill-Konventionsregeln, die hier strenger eingehalten werden als überall sonst im All.

- Grillen ist Männersache. Wahrscheinlich haben die Herren bis Kerle Angst, dass Ihnen als Frau die Eierstöcke verbruzzeln, wenn Sie zu dicht an der Glut stehen. Verzischen Sie sich, solange es Ihnen noch keiner zu verstehen gegeben hat.
- Verzichten sie bei den Getränken auf den sonst üblichen Wellness-Chi-Chi. Die Männer trinken Beck's und die Frauen trinken Beck's Gold. So einfach ist das.

- Als Frau dürfen Sie »einen frischen Salat mitbringen« (und ihn hinterher auch wieder mit nach Hause nehmen) oder die sorgfältig geputzten Champignons enthaupten und ihnen den Schlund mit Kräuterbutter füllen.
- Die Grills sind zwar teuer, weil sie ein neues Statussymbol der Deutschen sind (siehe Eventküche und Outdoor-Wellness), unter 400 Euro findet man kaum noch passable Grills – bis auf die Fünf-Euro-Wackel-Dackel-Teile von der Tankstelle. Also entweder stellt man sich einen Maybach-Grill auf die Terrasse oder, wenn es dazu nicht reicht: Verreisen Sie mit einem Klappgrill an den Strand, und protzen Sie dort lauthals von der »herrlich bedürfnisfreien Art zu leben, wie sie auch der Dalai Lama immer gut findet«.
- Fragen Sie die Beck's trinkende Meute nie, nie, nie, was eigentlich die Vorzüge eines Elektrogrills sind. Elektrogrills haben keine Vorzüge, sondern ein Kabel. Und hörn'se auf mit Krebs!
- Zahnstocher, um ein renitentes Schweinefaserchen von dem hinteren Drei-Achter zu befreien, gibt es heutzutage nicht mehr. Aber gehen sie geschwind auf die Toilette. Dort stehen Dentalbürstchen, Zahnseide, Mundwasser, Zungenreiniger und Plaquetabletten bereit.

Landschaftskunde

15 Typisch deutsch: ein Flickenteppich

Typisch für Deutschland ist der Föderalismus, die Unterteilung des Gesamtstaates nach Bundesländern. Darin erkennt man noch heute die alten Königreiche, Fürsten- und Herzogtümer und Freistaaten, die erst sehr spät, nämlich 1871, zu einem einheitlichen deutschen Nationalstaat zusammenfanden. Und die Ministerpräsidenten der heutigen Bundesländer werden oft noch als »Landesfürsten« bezeichnet und gerieren sich zuweilen auch tatsächlich so. Kein anderes europäisches Land ist dermaßen dezentralisiert, und wenn man insbesondere nach Frankreich schaut, so trifft man dort auf das genaue Gegenteil: Paris ist Frankreich, und Frankreich ist Paris. »Nationale Identitäten« treten in Deutschland nur im Plural auf, wobei die jeweilige »landsmannschaftliche« Identität – Bayer, Sachse, Hesse, Hamburger, Berliner – mindestens so stark ist wie die übergreifende deutsche.

Stellen Sie sich nun einmal vor, die Bundesländer der Bundesrepublik Deutschland wären keine Bundesländer, sondern Lebenslehren. Regionale Weisheiten, um den Sinn des Lebens zu *er-fahren*. Dann würden Sie nicht einfach durch Baden-Württemberg juckeln, sondern lernten die Kunst der Genügsamkeit. Bremen wäre nicht ein kleiner hoch verschuldeter Stadtstaat, sondern, viel besser, eine Besinnungsübung, um Stolz zu lernen. Hamburg lehrte, wie man *hört*. Bayern wäre

Zeugnis bodenständigen Prunkes und Thüringen nur eine Metapher für Demut. Dann würde sich Ihre Reise zu einem Zenkurs der deutschen Art entwickeln. Dann würden Sie nicht nur passiv durch die Gegend cruisen und »aha, die Saarländer essen gern gut und frankophil« denken, sondern die Länder zeigten sich Ihnen auf eine Art, wie Sie sich *selbst* neu erkunden könnten. Wahnsinn.

Sie müssten nie mehr mosern, »das sind aber komische Grillen hier«, sondern würden erkennen, »welch' komische Grille *in mir*, dass ich dieses und jenes merk-würdig finde«. Daher sind die folgenden Kapitel über die einzelnen Bundesländer weder chronologisch, noch vollständig, noch aktuell, noch logisch, noch objektiv, sinnvoll oder memorierenswert. Sie gehen nicht auf Details ein, sondern auf Klischees, Stereotypen, Vorurteile. Sie ersetzen keinen Baedeker, keine Insidertipps, keine Touristinfo. Sie sind vielmehr Impressionen, winzig kleine Versatzstückchen. So wie man vom »Gruß aus der Küche« auch nicht satt wird, wenn man hungrig ist – sondern höchstens angeregt, die Karte weiter zu studieren. In diesem Sinne: statt Küche – Stadtküchen. Guten Appetit.

16 *Baden-Württemberg: Wir können alles außer Hochdeutsch. Oder: Wie Sie die hohe Kunst der sinnvollen Bescheidenheit lernen*

Baden-Württemberg ist arm an Bodenschätzen und reich an Hirn. Seit Jahrzehnten hat das drittgrößte Bundesland der Bundesrepublik eine der niedrigsten Arbeitslosenquoten. Und das ist durchaus durch beides begründet: Materialmangel und Ideenreichtum. Die sprichwörtliche Bauernschläue findet hier ihren Ursprung. Hier wurden Gartenstiefelschoner erfunden (um den Teil der Stiefelsohle zu schonen, der durch das Umgraben mit dem Spaten am meisten gequält wird) und »Herrgottsbescheißerle«. So nennt man die mit Fleisch gefüllten Maultaschen, die auch zum Fastenfreitag serviert werden dürfen, weil der liebe Gott so doof sein soll, dass er das Fleisch in der Teighülle nicht sieht. Zumindest sah es die streng pietistische Kirche des Landes nicht. Und das war auch schon etwas wert.

Solche Errungenschaften sind nur für Empfindungsstumpfe skurril. In Wirklichkeit offenbaren sie eine hochproduktive und rührende Art mit dem wenigen, das man zur Verfügung hat, rechtschaffen umzugehen. Und so verwandelte sich dieses Land im Laufe der Zeit in ein Tüftlerland, das heute, logische Konsequenz, mit einem Schwarm emsiger Ingenieure lebt. Nirgendwo gibt es mehr Schraubendreher und Technologiefriemler als hier. Alle todernst bei der Sache. Und hocheffizient.

Der gemeine Fischer-Dübel (siehe Seite 25) wurde in Baden-Württemberg erfunden, und irgendwie ist die Geschichte des

Dübelerfinders Fischer auch symptomatisch für den Schwaben-Menschenschlag. Mit einem solchen Menschen kann man sich stundenlang über Gartenstiefelschonermaterial unterhalten, ach was, tagelang: »Ja, da muss man gutes Material nehmen, das nicht zu schwer ist, sonst humpeln die Gärtner. Es darf nicht rosten oder faulen. Vielleicht nimmt man Schaumplastik, das besonders strapazierfähig ist. Wie? Die haben Eisen genommen? Erstaunlich. Warum haben sie nicht Leder genommen ...«

Wie gesagt: tagelang.

Fahren Sie einmal durch die süddeutsche Gegend und durchforsten sie nach Bodenarmut und Hirnreichtum. Und das ist es dann, was einen Baden-Württemberg lehrt: mit den vorhandenen Ressourcen umzugehen und sie zu mehren. Viel Kontakt nach außen hat das Land traditionell nie gehabt. Es war eingekesselt zwischen Bergen, und so wurden die Bewohner das, was man »spinnert« nennt. Leicht inzestuös. Zwar grenzt es an Frankreich, die Schweiz sowie die Länder Rheinland-Pfalz, Hessen und Bayern. Aber anders als Hamburg oder Bremen hat es nirgends einen Hafen, der Kaufleute, Seeleute, Reisende aus aller Welt in die Städte schwemmte. Das Ergebnis: ein armes Land, wenig Außenkontakt. Man blieb unter sich – und wurde verschroben. Und genial. Wenn es schlimm wurde, erging es einem wie dem Dichter Hölderlin: Man umnachtete geistig.

Gewitzt, verschroben, eigen, autark – so ist das Land, das Schiller hervorbrachte und Fichte. Und Buab'n-Spitzle (Knaben*penisse* oder *Schupf*nudeln) und eine Sprache, die klingt, als heulte ständig ein Kind über sein aufgeschlagenes Knie. Wissen Sie, was Breschtlings Gsells isch? Erdbeermarmelade. Es ist wie in dem Werbespot, der seit Jahren durch die Kanäle der Republik flimmert: Baden-Württemberg. Wir können alles außer Hochdeutsch.

Die können sogar Kinder machen. Baden-Württemberg ist das einzige Bundesland, das noch einen Geburtenüberschuss vorzuweisen hat. Fleißige, kleine Ingenieurszwerge. Die fleißige, große Autoingenieure werden. Und wieder viele kleine Ingenieurszwerge zeugen. Baden-Württemberg stirbt so schnell nicht aus.

TIPP

Besuchen Sie in Bad Urach die blaue Lau, und kehren Sie dort in einem der naheliegenden Gasthöfe ein. Bestellen Sie Maultaschen und Kartoffelsalat. Gehen Sie danach mit wachen Augen auf die Toilette: Wie ist der Rollenhalter fürs Klopapier montiert, wie der Händetrockner befestigt, wie ist das Seifenspenderproblem gelöst? Sehen Sie: Gewitzt isch halt gewitzt.

17 *Bayern: Mir san mir. Oder: eine Pracht-Lebensschule*

Was soll ich über Bayern erzählen, so dass Sie Lust auf diesen Freistaat haben? Dass es dort Weißwürschtl und Weißbier gibt? Die Madl Dirndl tragen, und der Begriff »Holz vor der Hütt'n« hier seinen Ursprung hat? Man in parkgroßen Biergärten sitzt, seine Brotzeit herausholt und für schmales Geld nur die passenden Getränke dazukauft, während man mit seinen Nachbarn über die depperte Regierung, die depperte schimpft, die Bierpreise auf dem Oktoberfest oder den sakrisch närrischen

Moosi, ja, mei, der ist nun auch schon fünf Jahr tot. Ach, all das gibt es in Bayern, aber so ein bisschen sind das auch die Bayernklischees, ähnlich wie beim Kasperletheater, der gute ist der Kasper, der böse das Krokodil, und Großmutter fällt immer in Ohnmacht und trägt karierte Kittelschürzen.

Soll ich sachlich und volkshochschulenhaft werden? Also gut, kurz: Die Anfänge von Bayern reichen bis ins sechste Jahrhundert zurück, der Freistaat ist heute das flächengrößte Bundesland der Bundesrepublik und liegt, bezogen auf die Einwohnerzahl, hinter Nordrhein-Westfalen an zweiter Position.

Und was haben Sie nun davon? Nischt! Genießen Sie, wenn Sie Bayern besuchen, keine Brot-, sondern vielmehr eine Kulturzeit. Besuchen Sie die Alte und Neue Pinakothek in München, das Germanische Nationalmuseum in Nürnberg oder das Maximilianmuseum in Augsburg. Von mir aus auch das Museum Georg Schäfer in Schweinfurt. Überall wird Ihnen gezeigt, was Menschenhand vermag. Und wie viel Mühe es macht, diese Menschenwerke zu erhalten.

Dann gehen Sie in den Reptilienzoo in Regensburg (okay, ein Abstecher zum Schloss zur nervigsten ADS-Kranken der Republik, Gloria von Thurn und Taxis, ist auch lohnenswert – schon allein, um zu sehen, wen Sie jede Woche in der *Bunten* bewundern), in den Kleintierzoo Wasserstern in Ingolstadt und in den Münchner Tierpark Hellabrunn. Dort können Sie dann sehen, was Gottes Hand vermag. Und wenn Sie beides miteinander vergleichen, Bayerns Kultur und Deutschlands schönste Natur, dann finden Sie viele Parallelen: die prunkvolle, saftige Art zu zeigen, was man hat, mit aller barocken Hingabe, die Gottesfürchtigkeit vor Schöpfung jeder Art, die dralle Lust zu leben und am Leben anderer gern teilzuhaben. Das ist Bayern, und das können Sie von diesem Bundesland lernen. Diese

Prunk*lust* erzeugt das typisch bayrische Selbstwertgefühl: Mir san mir.

In München, längst einer der wichtigsten Medienstandorte der Republik, werden Medien gemacht, die genau von dieser Lebensdrallheit Zeugnis abgeben: *Bunte*, *Cosmopolitan*, *Pro Sieben*. Hier basteln barocke Chefredakteure an den bundesdeutschen *katholischen* Medien. Bilderstark, symbolhaft, papstgleich in ihrer Meinungsstärke. In Hamburg sitzen die protestantischen Zweifler: Die machen *Die Zeit*, den *Spiegel* und *Brigitte*.

Und während Sie die Sinnlichkeit mit dem Auge erfassen, beißen Sie auch in einen herzhaften Leberknödel, um sie zu schmecken, und schnuppern Sie auf dem alljährlichen Oktoberfest einmal an den Latrinen entlang. Dann werden Sie sie auch riechen. Wer Bayern besucht, sollte nicht etepetete sein und auch nicht blutleer-intellektuell. Sondern so wie ein Dirndl: offen, strapazierfähig und folklorefroh. Dann sind auch die Sportarten Fingerhakeln, Eisstockschießen und Sautrogrennen nicht kurios anmutende Brauchtumssportarten, sondern nur Metaphern für eine dramatische Lebenslust, Josefmaria.

Bayern ist wie ein zweijähriges Kind: vor Selbstbewusstsein strotzend, im Augenblick lebend und voll mit Vitalität, Frohsinn und Schelmerei.

Und wenn Sie das begriffen haben, dann können Sie nachlesen, dass die Landesgrenze 2705 Kilometer lang ist, dass Schulkinder »Iller, Lech, Isar und Inn fließen rechts zur Donau hin, Altmühl, Naab und Regen kommen ihr von links entgegen« auswendig lernen und die heutige Schreibweise Bayern mit Y auf eine Anordnung von König Ludwig I., König von Bayern, zurückgeht.

Anfangen können Sie mit diesem Wissen nichts.

▮ ▮ ▮ TIPP

Besuchen Sie in Bayern einen Berg. Mit Rucksack und Brotzeit. Wie vor einhundert Jahren zu Erich Kästners Kindheitstagen. Kehren Sie nicht in einen Gasthof ein, sondern seien Sie sparsamer Selbstversorger.

18 *Bremen: Buten un binnen, wagen un winnen. Oder: Wie man stolz untergeht – und wieder auftaucht*

Sich über Bremen lustig zu machen ist so leicht, wie die Klassenletzte Pickel-Britta zu foppen. Über Bremen zu lästern, selbst wenn man selbst oder der Gesprächspartner Bremer ist, war viele Jahrzehnte lang so etwas wie ein Comme il faut der politisch sensiblen Gesprächskultur. Es gab so viel, was man an Bremen bekritteln konnte: hochverschuldet, eine ineffektive Rote-Socken-Politik, die eine Schluffi-Universität und Läuse in antiautoritären Kinderläden hervorbrachte. Bremen, ein lächerlich kleiner Zwei-Städte-Staat (zu der Stadtgemeinde Bremen gehört auch noch Bremerhaven). Was will man von einem solchen Ort halten, der sein Leibgericht »Braunkohl und Pinkel« nennt? Der ein Wappenmärchen hat, das schon seit Jahrhunderten die subtile Lästerei zwischen seinen Zeilen mit sich führt?

»Etwas Besseres als den Tod finden wir überall«, motivieren sich die Bremer Stadtmusikanten der Gebrüder Grimm mantraartig gegenseitig. Und dann fahren sie ausgerechnet Richtung Bremen.

Buten un binnen. Wagen und gewinnen. Das ist das Motto der Hansestadt, klug wie von Marketingexperten ausgeheckt, aber jahrhundertealt und nur von redlichen Kaufleuten erdacht. In diesem Claim steckt die ganze kleine starke Wahrheit über Bremen. Außen und Innen. Wagen und gewinnen. Sich Anregungen von außen holen und sich der Tradition, der Ich-Stärke bewusst sein. Risiko eingehen – und Rendite einstreichen.

Die Stadt und das Land Bremen sind ein bisschen so wie der Fußballverein Werder Bremen: klein, gewitzt, arm. Und oft genug ganz vorne mit dabei. Bayern München kann jeder.

Wenn Sie durch die Stadt schlendern, halten Sie die Augen offen nach den kleinen Relikten großen Stolzes: Bremen hat keine Blumenbeete, Bremen hat riesige Alleen.

Bremens Reihenhäuser sind nicht mit kranichbestickten Küchengardinen verschandelt – auch findet man hier keine Gartenzwerge im Vorgarten oder Salzteigtürschilder an den Haustüren. Bremens Reihenhäuser sind hochherrschaftliche, souveräne Bau- und damit Lebenskunst. Gleichwohl, und das ist das Besondere, könnten hier Armeen von Gartenzwergen und Salzteigtürschildern existieren, ohne dass es die Nachbarn auch nur zu einer Bemerkung hinreißen würde. Bremen hat eine Spießertoleranz – das macht es zu einer sehr unspießigen, avantgardistischen Minimetropole.

Selbst auf seine Toten ist Bremen stolz und stellt manche bei guter Leichen-Allgemeinverfassung im Bremer Bleikeller aus. Besuch gefällig? Gern, aber nur im Sommer!

Wer heute noch über Bremen lästert, zeigt lediglich, dass er in den Spätsiebzigern steckengeblieben ist: Die Universität hat sich längst zu einer renommierten Forschungsstätte entwickelt, es gibt außerdem seit einigen Jahren eine Privatuniversität mit 200 Millionen Euro Stiftungsetat, gespendet von dem Bremer Kaufmann Klaus Johann Jacobs. Wer gibt 200 Millionen aus, wenn es sich nur um einen minderwertigen Standort handelt? Es gibt das Fraunhofer-Institut für Fertigungstechnik und Angewandte Materialforschung, das Max-Planck-Institut für marine Mikrobiologie, nur eine vor sich hindümpelnde Langweiler-Region, die gibt es nicht mehr.

Wer nach Bremen kommt, kann etwas über guten Stolz lernen. Über Stolz, der sich nicht über andere erhebt, aber der sehr genau den eigenen Wert kennt. Und lebt.

Manches ist an Bremen sehr schrullig. Zum Beispiel der Speckstein, der kurz vor dem Bremer Dom im Kopfsteinpflaster eingelassen wurde und auf den der gute Bremer beim Vorübergehen spuckt, weil er an Gesche Gottfried erinnert, eine Giftmörderin besonders perfiden Ausmaßes.

Auch die Bremer Schaffermahlzeit ist eine sehr stolze, sehr schrullige Tradition. Einmal im Jahr treffen sich reiche Kaufleute und Seeleute zum »zweitältesten Brudermahl der Welt« (das älteste ist das Abendmahl). Man speist Rigaer Butt – frauenlos – raucht lange Tonpfeifen und schreibt den zu spendenden Betrag lapidar auf eine Papierserviette. Aber bloß nicht so, dass es der Nachbar sieht. Brimborium ist des Bremers nicht. Alles in allem kommt an diesem Abend im Februar immer eine solche immens hohe Summe zusammen, dass tatsächlich heute noch Witwen und Waisen auf See gebliebener Kapitäne damit kapital unterstützt werden.

Aber gerade die Liebe der Bremer zu Traditionen und einem gemütlichen »Kann's mehr affluhr'n as afflowen«, was so viel bedeutet wie »nun man langsam mit den jungen Hühnern«, hat sie die langen Jahre der Massenarbeitslosigkeit (vor allem durch den Untergang von Werften), der Überschuldung und der sozialdemokratischen Bräsigkeit ertragen lassen. Stolz.

Das Besondere an Bremen sind nicht die Sehenswürdigkeiten, das Besondere sind die Bremer, die ohne viel Aufsehens zu ihrer Stadt stehen. Lebenslang. Frage nicht, was Bremen für dich tut, frage, was du für Bremen tun kannst. Wenn's sein muss noch als Moorleiche.

TIPP

Suchen Sie den Engel Gabriel, indem Sie vom Roland aus Richtung Böttcherstraße laufen. Er ist vollkommen.

19 *Hamburg: auf der Reeperbahn tags um halb drei. Oder: Pfeifen Sie auf Hamburg*

Hamburg ist das einzige deutsche Bundesland ohne einen Beitrag zum UNESCO-Weltkulturerbe. So über Hamburg anzufangen ist gemein. Denn schließlich hat das klügste Nachrichtenmagazin der Welt, der *Spiegel*, im vergangenen Sommer einen eigenen Titel Städtevergleich herausgegeben. Wer ist cooler? Die laut distinguierte »Strandperle« in Hamburg oder der gelangweilt anarchische Camouflage-Cargohosen-Träger vom Prenzlauer Berg? Das Ergebnis fiel vernichtend aus. Für Berlin. Dass das klügste Nachrichtenmagazin der Welt ausgerechnet aus einer Studie zitierte, die der Hamburger Senat in Auftrag gegeben hatte, um die heimische Wirtschaft ein wenig anzukurbeln, und dass es deswegen mit der Objektivität ein bisschen sehr weit her ist, das, öh, hüstel, verschweigen wir. Besser.

Hamburg ist stolz auf seine Hafen- und Schifffahrttradition. Und natürlich auf den St.-Pauli-Kiez mit der Reeperbahn, der sich durch ein Marketingwunder in den vergangenen zwanzig Jahren zu einer In-Destination für Werber, Journalisten, arbeitslose Schriftsteller und Designer entwickelt hat. Man kann eine Hartz-IV-Bierdose sein oder ein Feng-Shui-Prosecco – auf dem Kiez wird beides gesoffen.

Über Hafen und St. Pauli haben Sie überall schon so viel gelesen, ebenso wie über das stilbildende Blau der Hansestadt. Wer sich richtig kleiden will, kombiniert beige mit hellbleu oder blau mit blau und blau. Mao hätte seine helle Freude an den schlichten, absurd überteuerten Jil-Sander-Fümmelchen, die mal dunkelblau sind, mal nachtblau, mal blauschwarz, mal gedeckt-blau oder tief-marineblau.

Ich will, dass Sie sich bei Ihrem nächsten Trip einfach einmal die Augen verbinden und Hamburg hörend erleben. Besuchen Sie die phantastische Dialog-im-Dunkeln-Ausstellung in der Speicherstadt und bekommen Sie so einen ersten Eindruck, wie Hamburg riecht und sich anfühlt. Trauen Sie sich, sich von einem Blinden oder einem Sehenden durch die Stadt führen zu lassen. Wo hören Sie mehr Möwengeschrei als Verkehrslärm?

Machen Sie eine Stadtrundfahrt auf den Spuren der Beatles, ja, von mir aus, besuchen Sie eines der vielen, hoch-konsumistischen Musicals. Hamburg avancierte in den vergangenen Jahren zu einer Musical-Overkill-Hochburg. *Cats*, *Das Phantom der Oper*, *Buddy Holly*, *Tanz der Vampire*, *Mamma Mia*, *König der Löwen*, *Dirty Dancing*, *Tarzan*, *Ich war noch niemals in New York*.

Dabei trifft auch die ernsthafte Musik das hohe C spielend,

sozusagen. Montserrat Caballé begann hier ihre Weltkarriere, Placido Domingo startete mit seiner Europakarriere. Hier in Hamburg sangen Luciano Pavarotti, Mirella Freni und Birgit Nilsson und Maria Callas. Eines der weltbesten Ballettensembles wurde hier unter der Leitung von John Neumeier geführt.

Hamburg ist musikalisch viel sehenswerter als jedes Dollhouse, jede Herbertstraße. Wollen Sie schrille Sexualität oder biedere Perversion: Gehen Sie nach Amsterdam. Wenn Sie Hamburg besuchen: Hören Sie!

In Hamburg wurden seit jeher die heißen Scheiben der Republik produziert. Nein, ich rede nicht davon, dass Dieter Bohlen nicht weit vor den Toren der Stadt seine mirabellenpuddinggelbe Villa hat und häufig in den einschlägigen Szenelokalen anzutreffen ist.

Hamburg hat alle wichtigen Firmen der Musikbranche beherbergt: die Deutschlandzentralen von Warner Music und Edel Music. Auch Universal Music (inzwischen nach Berlin umgesiedelt, ätsch, Hamburg!) hatte hier seinen Hauptsitz, ebenso der deutsche Phonoverband. Nur Ralph Siegel wohnt noch in München.

Keine andere Stadt hat so viele Hymnen wie Hamburg. Es gibt offizielle (»Stadt Hamburg an der Elbe Auen«), inoffizielle (»Auf der Reeperbahn nachts um halb eins«), mundartliche (»In Hamburg sagt man tschüss«), shantyhafte (»Ick heff mol een Hamborger Veermaster seh'n«), traditionelle (»An de Eck steiht 'n Jung mit 'n Tüdelband«) und hochmoderne (»Hamburg, meine Perle«).

Keine andere Stadt hat so viele Künstler, die Tantiemen bekommen, nur weil sie laut »ich find' Hamburg toll« behaupten: Hans Albers, Heidi Kabel, Lotto King Karl, Samy Deluxe, Fettes Brot, Stefan Gwildis, Udo Lindenberg.

Wenn Sie das alles nicht beeindruckt, wenn Sie keine Musikrichtung finden, die Ihnen aus Hamburg zusagt – dann gehen Sie auf den Ohlsdorfer Friedhof, den größten Parkfriedhof der Welt. Dann sind Sie nämlich schon tot. Aber Obacht: Auch dort wird Musik gemacht. Mitunter sogar richtig laute.

TIPP

Gehen Sie drei Tage oder mindestens fünf Stunden blind durch die Stadt. Riechen und hören und fühlen Sie sich durch die Elbmetropole. Schmecken? Muss nicht sein. Es gibt Besseres als die Hamburger Küche.

20 *Was kostet Hessen? Und was die Welt? Oder: Wie Sie Gegensätze mühelos unter einen Hut kriegen*

Schreibt man über Hessen, kann man getrost nur über Frankfurt schreiben, denn weder in Wiesbaden (276 000) noch in der Dornröschen-Stadt Kassel (194 000) oder in Darmstadt (141 000) wohnen so viel Hessen wie in Frankfurt. Noch nicht einmal, wenn man alle drei Städte zusammenzählt. Frankfurt kommt auf rund 667 000 Einwohner, so die offizielle Zahl Ende 2008.

Wir *tun* also mal so, als sei Frankfurt die Hauptstadt Hessens und alles Übrige vernachlässigenswert. In Frankfurt tanzen zwei Gegensätze Tango. Die Weltläufigkeit des Geldes bittet das Provinzielle der Gegend um seine Gunst. Man wird in Frankfurt kaum einen Menschen finden, der kein Englisch kann, fluently of course, aber ach, die Heimat ist halt auch schön, net wahr?

Der rustikale Appelwoi wird zwischen Skylines und architektonischen Godzillas getrunken.

Gehen Sie einmal mittags durch das Bankenviertel, nirgendwo finden Sie so viele Anzugträger, die Pommes essen und Cola schlürfen, wie hier. Und es scheint, seit Jahrhunderten machen sich kleine subversive Kräfte daran, diesen Kontrast genüsslich auszuweiden.

Heinrich Hoffmann, der Vater des Struwwelpeter, ließ hier seinen Geist wohnen, lesen Sie das »Ach, seht einmal, hier steht er, pfui, der Struwwelpeter« als politisches Statement, gucken Sie, wann und unter welchen Bedingungen das *Kinderbuch* entstand. Und vor allem: wo!

Robert Gernhardt, der große, nein, der größte Dichter, Zeichner und Karikaturist, den Deutschland je hatte, lebte in Hessen. Deutschlands einzig ernstzunehmendes Satiremagazin, die *Titanic*, wird redaktionell in Frankfurt produziert.

Frankfurt bietet sich als Wiege für Satire und Nonsens geradezu an, denn die Gegensätze, auf die man hier trifft, sind derart prägnant und dramatisch komisch – an denen kommt man einfach nicht vorbei. Hochhaustürme und Mischwälder. Sushi und Applewoi. Und der hessische Ministerpräsident Roland Koch ist eigentlich ein lebender Gegensatz: sieht alt aus, ist jung, will »brutalstmögliche Aufklärung« und verbiegt die Wahrheit derart, dass sein Freund, der Dalai Lama, sämtliche Gebetskugeln verlöre, wüsste er dies.

Frankfurt-Fremde mögen nun die Aufhebung dieses Kontrastes erforschen:

- Lauschen Sie einmal den letzten Wanderpredigern dieser Republik, die vor Karstadt stehen und vor der Gefahr des Geldes warnen.
- Versuchen Sie im Bankerviertel die verschiedenen Dialektarten herauszuhören.
- Gehen Sie einmal durch die Johann Wolfgang Goethe-Universität mit einem Notizblock, und notieren Sie sich jeden Dumpfbackensatz, den Sie von Studenten aufschnappen.
- Marschieren Sie mittags oder am frühen Abend zum immer populärer werdenden Mainufer: Hier joggen Krethi und Plethi zusammen. Krethi arbeitet bei der Deutschen Bank, Plethi ist Streetworkerin. Das Mainufer ist nicht so hipp wie der Beachclub in Berlin und nicht so etabliert wie die Außenalster in Hamburg. Aber der Platz, an dem die Gegensätze sich dialektisch aufheben: Man nimmt seine Stullen im Picknickkörbchen mit oder kauft vom vorbeituckernden Dönerschiff etwas. Man schlürft Prosecco oder Milch.

Fällt Ihnen etwas auf? Das geht wunderbar. Die Nonchalance, mit denen die Frankfurter mit einem Bein den Fußball treten und mit dem anderen einen Foxtrott tänzeln, ist beispielhaft. Weil es das Leben unendlich vielfarbig und bescheuert macht. Wunderbar und grotesk. Verspielt und mit einer ganz eigenen Würde.

▮▮▮ TIPP

Versuchen Sie einmal die Welt der Gegensätze zu erkunden: Ziehen Sie sich einen Anzug an, und streifen Sie durch das Gallusviertel. Dann verlottern Sie sich und marschieren durch das Westend. Werden Sie angestarrt? Oder starren Sie, weil Sie sich unwohl fühlen? Wo fällt Ihnen Ihre Verkleidung mehr auf?

21 *Ei for bibsch: Sachsen. Oder: Werden Sie Künstler, ohne zu verarmen*

Sachsen trinken mehr Bier als Bayern, reden einen komischen Dialekt und haben schöne Mädchen (in Sachsen, wo die schönsten Mädels wachsen). Sonst noch irgendwelche Vorurteile, die wir schnell am Anfang abhandeln können, um danach Zeit für Wesentliches zu haben?

Das Tolle an Sachsen: Es steht ganz unten auf der Agenda hipper Mode- und Kulturredakteure. Und genau das macht den Charme dieser Metropole aus. Ganz ehrlich. Fahren Sie mal nach Leipzig: Da können Sie noch eine Drei-Zimmer-Wohnung für 200 Euro beziehen, die Brötchen kosten dort zehn Cent, und die ortsansässige Kunstszene blüht wie ein Sonnenblumenstrauß in der Vase.

Ja, ich weiß, jetzt werden Sie sagen: Aber wer will nach Leipzig? Hm. H&M-Läden gibt es dort auch, und vielleicht lässt der Must-have-it-Faktor einer Hamburger Mietswohnung mit Blick auf die Alster nach, wenn man nachrechnet, dass man dafür in Leipzig ein ganzes Haus plus Garten und Carport mieten kann.

Wenn Sie aussteigen wollen, wenn Sie als Künstler anfangen wollen, wenn Sie das Theaterspielen professionalisieren wollen, ohne Gustaf Gründgens in Ihrem Stammbaum zu haben – kommen Sie nach Leipzig.

In Connewitz, in Plagwitz, in der Gießerstraße: Überall blühen kleine, niedliche Pflanzen (zum Teil auch Pilze), die zu entdecken sich lohnt. Das »Tapetenwerk« wurde einfach und effektiv von Künstlern als besetzt erklärt, hier finden tolle Ausstellungen statt. Berg 2 ist eine Theaterbühne und Partylocation zugleich, die (manchmal illegale) Subkultur ist weder spießig wie in Düsseldorf noch schillernd wie in München. Sie ist verwegen, innovativ, ein bisschen verboten, viel zusammengeschustert. Und raus kommt ein Städtchen, das nicht mehr wie früher mit Dresden konkurrieren muss und immer verliert, sondern das längst so still und heimlich selbstbewusst wurde, dass es unter Journalisten, Intellektuellen, Künstlern und Mäzenen das »Berlin des dritten Jahrtausends« genannt wird, eben weil dort noch alle Chancen offen sind und die Pfade erfrischend unausgetreten.

Das, was Leipzig lehrt, ist: Ein richtig moderner Ort ist nicht in den Epizentren, sondern am Rand, am Neuen, im Unbenannten.

▮ ▮ ▮ TIPP

Kaufen Sie sich einen *PRINZ Leipzig*. Tauchen Sie ein in die Partyszene. Feiern Sie sich ein Wochenende durch die Stadt. Und versuchen Sie am Montag früh stotterfrei zu behaupten: »Sachsen trinken mehr Bier als Bayern, reden einen komischen Dialekt und haben schöne Mädchen.«

22 *Sachsen-Anhalt: die Straße der Romanik. Oder: ein Self-made-Orden für die Westentasche*

So, jetzt reißen Sie sich einmal zusammen und verabschieden sich von dem Klischee, Urlaub muss weit *weg* sein. Urlaub kann auch *vor langer Zeit* sein. In Sachsen-Anhalt (und bei seinen Sachsen-Anhaltern – nicht Anhaltinern!) liegt die Straße der Romanik. 1993 durch den damaligen Bundespräsidenten Richard von Weizsäcker eröffnet, umfasst sie heute 65 Orte, in denen über achtzig Baudenkmäler aus der Romanik (circa 1000–1300) Kriege, Witterung und Kurhotelphantasien überlebt haben. So viel wie in keinem anderen Bundesland. Die Straße zu bewandern ist Hape Kerkelings Jakobsweg in klein und deutsch – und leer! Kaum eine andere Touristengegend ist dermaßen Kleinod und Geheimtipp zugleich. Schauen Sie sich deutsche Geschichte an – und benutzen Sie ein Blasenpflaster, wenn es zu viel wird. Kommoder als es im ausgehenden Mittelalter je war.

Gehen Sie nicht in eine der großen Städte Sachsen-Anhalts (es sei denn nach Magdeburg, denn dort beginnt die Straße der Romanik, die sich später in eine Nord- und eine Südroute aufteilt). Sie werden dort alles finden, was es auch in Kassel, Hannover, Stuttgart gibt. Wandern Sie die Straße entlang, vorbei an Wasserschlössern, Burgen, Klosteranlagen, Steinwällen. Nehmen Sie sich parallel einen Reiseführer zur Hand und die Regeln des Heiligen Benedikts. (Viele Klöster gehörten zum Benediktinerorden.) Versuchen Sie, auf jeden überflüssigen Tand zu verzichten. Und Sie erleben durch die Negativauslese ein ganz neues Deutschland. Eines, das nicht übermäßig laut und schrill ist. Das Konsum nicht als Lebensnotwendigkeit verkauft und das aber so verschlafene Dornröschenecken hat, wie sie schöner wahrscheinlich nirgends auf der Welt zu finden sind. Trinken Sie bewusst abends nur Wasser, versuchen Sie eine gesunde, einfache Ernährung ohne Schnickschnack. Wenn Sie in einer Gruppe reisen oder mit einem Partner, vereinbaren Sie zwei Stunden Schweigen am Tag. Was vermissen Sie am meisten? Was würden Sie sich gern kaufen? Was ist Ihnen überflüssig geworden? Ich verspreche Ihnen: Das wird der schönste Urlaub Ihres Lebens!

Sachsen-Anhalt: Straße der Romanik

Die Straße der Romanik verläuft über 1000 km in Form einer acht und verbindet 65 Orte mit über 80 Bauwerken aus der romanischen Epoche (10.–13. Jahrhundert).

Nordroute (Magdeburg bis Pretzien):

1 ***Magdeburg***
Magdeburger Dom St. Mauritius und St. Katharina (13. Jh.)
Kloster Unser Lieben Frauen (11. Jh.)
St. Petrikirche (12. Jh.)
St. Sebastianskirche (11. Jh.)

2 ***Groß Ammensleben***
Benediktinerkloster (12. Jh.)

3 ***Hillersleben***
Benediktinernonnenkloster (10. Jh.)

4 ***Hundisburg***
Ruine Nordhusen (um 1200)

5 ***Bebertal***
Friedhofskapelle (10. Jh.)

6 ***Walbeck***
Ruine der Stiftskirche St. Marien (10. Jh.)
Sarkophag Graf Lothars II. von Walbeck (10. Jh.) in der Dorfkirche St. Michaelis

7 ***Wiepke***
Dorfkirche (12. Jh.)

8 ***Engersen***
Dorfkirche (13. Jh.)

9 ***Rohrberg***
Dorfkirche (12. Jh.)

10 ***Diesdorf***
Augustinerklosterkirche (12. Jh.)

11 ***Salzwedel***
Lorenzkirche (13. Jh.)

12 ***Arendsee***
Benediktinerinnenkloster Arendsee (12. Jh.)

13 ***Beuster***
Stiftskirche der Augustiner-Chorherren St. Nikolaus (12. Jh.)

14 ***Havelberg***
Havelberger Dom St. Marien (12. Jh.)

15 ***Sandau***
Pfarrkirche St. Laurentius/ St. Nikolaus (um 1200)

16 ***Schönhausen***
Dorfkirche (13. Jh.)

17 ***Wust***
Dorfkirche (um 1200)

18 ***Melkow***
Dorfkirche (um 1200)
Dorfkirche Grosswulkow (12. Jh.)

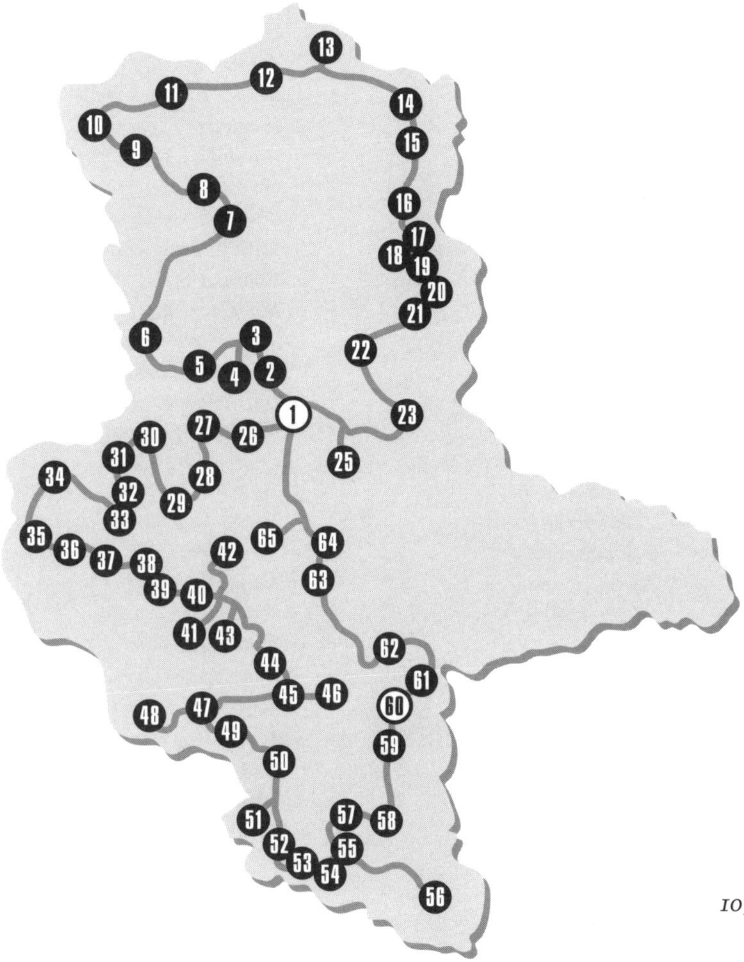

19 ***Jerichow***
Stadtkirche (13. Jh.)
Prämonstratenserstift Kloster Jerichow (12. Jh.)

20 ***Redekin***
Dorfkirche (um 1200)

21 ***Genthin-Altenplathow***
Figurengrabstein (12. Jh.) (in der Dorfkirche)

22 ***Burg***
Oberkirche Unser Lieben Frauen (12./13. Jh.)
Unterkirche Sankt Nicolai (12. Jh.)

23 ***Loburg***
Ruine der Kirche Unser Lieben Frauen (12. Jh.)

24 ***Leitzkau***
Pfarrkirche St. Petri (12. Jh.)
Klosterkirche St. Maria (12. Jh.)

25 ***Pretzien-Schönebeck***
Dorfkirche St. Thomas (12. Jh.)

Südroute (Wanzleben bis Hecklingen):

26 ***Wanzleben***
Burg Wanzleben (10.–12. Jh.)

27 ***Seehausen***
Paulskirche (12. Jh.)

28 ***Hadmersleben***
Benediktinerinnenkloster Hadmersleben/Klosterkirche St. Peter und Paul (10.–12. Jh.)

29 ***Gröningen***
Klosterkirche St. Vitus (10.–12. Jh.)

30 ***Hamersleben***
Stiftskirche St. Pankratius (12. Jh.)

31 ***Dedeleben-Westerburg***
Wasserschloss Westerburg

32 ***Dingelstedt-Huysburg***
Benediktinerkloster Huysburg (11./12. Jh.)

33 ***Halberstadt***
Halberstädter Dom St. Stephanus/St. Sixtus und Domschatz (10.–13. Jh.)
Liebfrauenkirche (11.–13. Jh.)

34 ***Osterwieck***
St. Stephanikirche (12. Jh.)

35 ***Ilsenburg***
Benediktinerkloster Ilsenburg (11. Jh.)

36 ***Drübeck***
Benediktinerinnenkloster Drübeck (11. Jh.)

37 ***Blankenburg***
Zisterzienserkloster Michaelstein (12. Jh.)

38 ***Quedlinburg***
Stiftskirche St. Servatius (und Quedlinburger Domschatz) (10./11.Jh.)
Krypta der Wipertikirche (10./11. Jh.)

39 ***Gernrode***
Stiftskirche St. Cyriakus (10. Jh.)

40 ***Ballenstedt***
Benediktinerkloster mit Grab Albrecht des Bären (11./12. Jh.)

41 ***Falkenstein/Pansfelde***
Burg Falkenstein (12. Jh.)

42 ***Frose***
Stiftskirche (10./12. Jh.)

43 ***Ermsleben***
Kloster Konradsburg (11.Jh./12.Jh.)

44 ***Klostermansfeld***
Klosterkirche (um 1100)

45 ***Lutherstadt Eisleben (Helfta)***
Zisterzienserinnen-Kloster St. Marien zu Helfta (13. Jh.)

46 ***Seeburg***
Schloss Seeburg, Burganlage mit Schlosskapelle (10.–12. Jh.)

47 ***Sangerhausen***
Ulrichkirche (um 1100)

48 ***Tilled***
Königspfalz am Fuße des Kyffhäuser (10. Jh.)

49 ***Allstedt***
Burg/Schloss Allstedt

50 ***Querfurt***
Burg Querfurt (10. Jh.)

51 ***Memleben***
Ruine des Klosters und der Klosterkirche (10. Jh.)

52 ***Eckartsberga***
Eckartsburg (12. Jh.)

53 ***Bad Kösen***
Romanisches Haus (12. Jh.)
Rudelsburg (12. Jh.)
Ruine der Burg Saaleck (11. Jh.)

54 ***Schulpforte/Bad Kösen***
Zisterzienserkloster und Klosterkirche Sanctae Mariae ad Portam (12. Jh.)

55 ***Naumburg***
Dom St. Peter und Paul (13. Jh.)
Ägidienkurie (13. Jh.)

56 ***Zeitz***
Moritzburg mit Dom St. Peter und Paul (10. Jh.)

57 ***Freyburg***
Schloss Neuenburg mit Doppelkapelle (11.–13. Jh.)
Pfarrkirche St. Marien (13. Jh.)

58 ***Goseck***
Schloss Goseck (11. Jh.)

59 ***Merseburg***
Dom St. Johannes und Laurentius (11. Jh.)
Neumarktkirche St. Thomas (12. Jh.)

60 ***Halle***
Burg Giebichenstein (10. Jh.)
Dorfkirche St. Nikolaus (Böllberg) (12. Jh.)

61 ***Landsberg***
Doppelkapelle St. Crucis (12. Jh.)

62 ***Petersberg***
Augustinerstiftskirche St. Petrus (12. Jh.)

63 ***Bernburg/Waldau***
Dorfkirche St. Stephan (12. Jh.)
Eulenspiegelturm im Bernburger Schloss (12. Jh.)

64 ***Nienburg***
Klosterkirche St. Marien und St. Cyprian des Benediktinerklosters Nienburg (11. Jh.)

65 ***Hecklingen***
Klosterkirche St. Georg und Pancratius (12. Jh.)

23 *Rheinland-Pfalz: So jung kommen wir nicht mehr zusammen*

Rheinland-Pfalz ist ein wunderschönes Stück Erde, das nur das Pech hat, von zwei deutschen Politikern mit merkwürdigen kulinarischen Vorlieben und noch merkwürdigeren Vorstellungen vom Stimmenfang bewohnt zu werden. Der eine war viele Jahre, fast Jahrzehnte, deutscher Bundeskanzler und legte beim Namen stets Wert auf seinen Doktor vor dem Namen. Helmut Kohl. Der aß gerne Saumagen, ein Gericht, bei dem sich manchem Leser schon jener umdreht.

Der zweite, Kurt Beck, kommt zwar von der Gegenpartei, findet aber auch, dass man mit regionaltypischen Gerichten am meisten punkten kann, weshalb er den *Spiegel*, dem Zentralorgan für politische Ergüsse, verlautbaren ließ, dass er die Steckdosennasen vom Schweinchen – Schnüffel – bevorzuge.

Liebe Politiker, landauf, landab: Nicht immer bedeuten Regionalgerichte Wählerstimmen. Auch Bremens Bürgermeister wird scheel angeguckt, wenn er im Süden erzählt, dass er gerne »Braunkohl und *Pinkel*« isst. Und die Baden-Württemberger tun gut daran, dass Kutteln ein regionaltypisches, das heißt eingemeindetes Gericht bleibt.

Dabei ist die Küche von Rheinland-Pfalz erwähnenswert, und zwar so, dass sich ein Besuch dieses Bundeslandes ausschließlich ob des Essens lohnt. Milde Temperaturen, die Nähe zu Frankreich und die Auffassung, dass zu einem Gericht vor allem Fleisch und Kartoffeln gehören, machen aus der rheinland-pfälzischen Küche einen Ort, den Veganer und Topmodels meiden sollten. Und die Anonymen Alkoholiker gleich mit. Denn eigentlich ist die ganze Küche – die Auswahl der Zutaten, die Art der Zubereitung, die Beilagen und Soßen – ausschließlich auf einen König ausgerichtet. Auf einen Herrscher des Landes. Auf einen King of Rheinland-Pfalz. Auf den Riesling!

Kein anderes Bundesland hat eine derartige Fülle an Weinsorten, Winzeradressen und Probierlokalen aufzuweisen. Und wenn Sie bisher von Wein wenig Ahnung hatten, dann fangen Sie in Rheinland-Pfalz an, sie zu bekommen.

»Dass die Rebsorten hier so gut sind, liegt an der Bodenstruktur, die wir hier habbe«, sagt Harald Hexamer, 39 und Winzer in fünfter, sechster oder siebter Generation. »So genau kann man das gar nicht zählen«, sagt er. Und bevor man anfängt, eben doch über die kopfduselige Wirkung von Wein nachzudenken, erzählt er von den vielen Sedimentsteinen in Rheinland-Pfalz, vom Quarzit (gepresster Sandstein), vom Schieferstein, vom Löss.

Er erzählt von den verschiedenen Klimaverhältnissen, die den Trauben mehr Nässe, mehr Sonne, mehr Wind, mehr Licht geben würden, so dass jede Rebsorte aus einer Vielzahl von jonglierten Faktoren entstanden ist. Und immer wieder erzählt er von dem herrlichen Sandstein, über den er schwärmt, als wäre es das Dekolleté einer schönen Frau. »Und darum sind die amerikanischen Weine auch kellertechnisch perfekt – aber mehr nicht«, sagt er. »Die sinn net filigran, es fehlt ebbe die Erfahrung.«

Dreißig Sorten Riesling hat er im Angebot. Riesling aus Toplagen, Edelsüße, halbtrockene Weiße, Rose- und Rotweine.

Was braucht man für mentale Gaben, um ein guter Winzer zu sein? Naturverbundenheit, Beobachtungsgabe, Geduld und »gute Nerve«, sagt er.

Ruft man jetzt die Touristik Centrale Mainz an und fragte nach den regionaltypischen Charaktereigenschaften, dann antwortet ein nettes Muttchen ad hoc: »Wir sinn gern in der Natur, habbe gute Nerve und ein gemütvolles Wesen.«

Hm. Gibt es noch was? Muttchen überlegt. Überlegt. Und fragt ihre Kollegin. Dann strahlt sie in den Hörer: »Un wir esse gern gut.«

Was das mit Zen zu tun hat? Es sind die Benediktinermönche, die immer wieder in ihrem Glauben betonen: Gut und in Gemeinschaft zu essen ist eine sinnliche Form, den Himmel kennenzulernen. Keiner säuft guten Riesling allein.

TIPP

Versuchen Sie herauszufinden, was Worscht un Woi, Spundekäs oder Döppekooche ist. Und probieren Sie!

24 *Niedersachsen: Dieser Dialekt heißt hochdeutsch. Seien Sie einmal kindlich, aber nicht kindisch*

Jetzt versuchen Sie einmal, sich zu erinnern. An längst vergangene Tage, Kinderzeit, *herrlich, herrlich*, glucksen Sie? Na, vieles bekommt in der Erinnerung eine blattgüldene Patina, so auch die Kindertage. Sie erinnern sich an das Spielen, den Kuchen, das Lachen, das Glück? Hm. Und wie hieß der Ort, an dem Sie beim Fangenspielen als Fänger die anderen nicht erwischen konnten, weil es der Ort war, an dem man »sicher« war, nicht abgetickt werden konnte?

Kobi, Biet, Inne? Wie, Sie erinnern sich nicht an dieses Stück Kinderglück?

Ich komme aus Bremen, da nannte man es *Lu*, mein Mann kommt aus Westfalen und stand immer im *Wupp*, meine Mutter, Thüringen, hatte *Zeh* zum Ausruhen, und meine Schwester (Berlin) kann im *Haus* verschnaufen.

Es gibt in Deutschland genauso viel Behördensprech wie regionaltypische Wörter. Die Dialekte sind in diesem Land ausgeprägter als überall sonst auf der Welt.

In Hannover heißt der dort übliche Dialekt Hochdeutsch. Weil man diese regional gefärbte Sprache am besten verstand und überall auch am besten nachsprechen konnte, entwickelte sich im Laufe der Jahrhunderte eine putzige Arroganz dieses kleinen deutschen Landflecks, der von sich behauptete, am besten und reinsten Hochdeutsch zu sprechen. Noch heute gibt es bayrische oder sächselnde Germanistikstudenten, die extra deswegen sich in Göttingen einschreiben. Blödsinn, völliger.

Aber wie bei so vielen, gibt auch der unterschiedliche Dialekt den Deutschen eine wunderbare Gelegenheit, sich deswegen zu *schämen*. Plattdeutsch darf ab der ersten Klasse nicht mehr gesprochen werden und wird deswegen nur noch von schrulligen, hochbezahlten Radio-Bremen-eins-Kolumnisten gesprochen. Maximal vier Minuten, dann muss wieder Madonna dudeln. Die ostdeutschen Dialekte – ach, vergessen Sie's: *Gänsefleisch die Gwien durchlasse*? (Auflösung: Können Sie vielleicht die Queen durchlassen?) Darf man nicht sagen, nirgends. Einzig die Bayern tragen ihren Dialekt wie ihren Bluthochdruck vor sich her: auffällig, selbstverständlich und irgendwie polternd. Deswegen dürfen auch deutsche Promigrößen wie Franz Beckenbauer dialekteln, wie ihnen den Schnabel gewachsen ist.

Es ist spannend, sich mit den deutschen Dialekten zu beschäftigen: Im mittleren Teil Deutschlands hat man *Bauchweh*, im Süden *Bauchweah*, im Norden *Liefweh*, *Buk*, im Westen *Bukpien* und im Osten *Bauchangst*. Und überall drückt der Ranzen gleich.

Eine Sprachgattung ist in den vergangenen Jahren allerdings dazugekommen, stolz, selbstbewusst, eigen, die es vorher so in Deutschland nicht gab und die inzwischen ganze Komikergenerationen ernährt: der selbst zusammengezimmerte Ideolekt von türkisch sprechenden, kampflustigen Dumpfbacken.

Zwei, die von diesem Sprach-Labskaus ganz gut leben können, heißen Erkan und Stefan, und gern erklären sie in ihrer deutsch-türkisch-grammatikalisch gruseligen Sprache, warum.

Erkan & Stefan erzählen … wieso die deutschen Kids »Türkendeutsch« nachmachen:

Erkan: *Ist halt Style, weißt du …*

Stefan: *Also bei mir zu Hause, da reden wir bayrisch,*
komplett. Aber wenn ich mit'm Erkan abhänge und seinen
Kollegen, meinen Freunden, ja, reden wir halt so.
Weil's cooler ist.

Erkan: *Weißt du, wenn du zum Beispiel mit U-Bahn*
fährst, ja, und dann schaust du, und da siehst du,
da gibt's son Kid, ja, ist zwölf Jahre alt, und der Typ hat so
Baggypants an, ja, so krasse Hosen, alles hängt so runter,
ja, und schaut aus von wegen boh krass he, und dann
klingelt's Handy an für paar hundert Mark, und dann ruft
der Papa an, »du, ich komme heut ein bisschen später aus
der Praxis, ja, dann hol ich dich mit Porsche am Haupt-
bahnhof ab«, weißt du was ich meine?

Stefan: *Und der Kleine sagt: »Hey Alter, hey langweil mich nicht« … Es ist natürlich eine Wahl, ja, Aufbegehren auch, krass, gegen das Zuhause und so. Wenn ich mit'm Erkan abhänge, ist es auch, logo, voll, weißt du, Identität und so.*

Erkan: *Weißt du, ist halt Style, weißt du, du sagst, du schaust sportlich aus, du schaust cool aus, ja.*

Interessant ist, dass diese Sprache mit viel größerem Selbstbewusstsein vorgetragen wird als jeder deutsche Dialekt. Vielleicht kann man das von unseren Ausländern lernen. Und dann Deutschland ein Stück seiner Sprachfarbigkeit zurückgeben.

TIPP

Schnappen sie sich ein fünfjähriges Kind und besuchen Sie einen Tag lang Hannover. Zeigen Sie ihm die bunten, dicken Niki-de-Saint-Phalle-Figuren, sammeln Sie mindestens drei Dutzend Kastanien am Maschsee, und versuchen Sie mit allem, was Ihnen möglich ist, auf das fünfjährige Kind (und das immer noch nicht erwachsene in Ihnen) einzugehen.

25 *Nordrhein-Westfalen: Werden Sie schimmiesk*

Nordrhein-Westfalen ist … ist … oh je. So verschieden wie eigentlich schon ganz Deutschland. Es gibt im Norden, so um Münster herum, die stummen, wortkargen Pferdezüchter. Nein, nicht Pferdeflüsterer, *-züchter!* Flüstern ist ja reden, nur leise. Der Westfale an sich schweigt. Ich darf das beurteilen: Mein Mann ist einer. Kein Pferdezüchter, aber im lebenslangen Wörterzölibat. Und weil ich seine ganze Familie auch kenne und die Freunde und die ehemaligen Schulkameraden, Nachbarn, Kollegen, bin ich so frank und frei und wiederhole: Westfalen schweigen. Meist. Sicher, es gibt Ausnahmen. »Ist noch Bier da?«, »Wollen wir heute abend grillen?«, »Haben die Pferde schon Futter?«, das sind typische Sätze, wobei der letzte Satz von einem Zugezogenen stammen muss – denn *natürlich* haben die Pferde schon Futter, was denkst du denn?

Ganz anders dagegen der Kölner. Karneval ist hier nicht einfach ein Fest oder eine Arbeitsunterbrechung, Karneval ist eine Lebenseinstellung. Wir lasse den Dom in Kölle und hoch das Funkenmariechen! Und einmal im Jahr, nämlich an Weiberfastnacht, finden wir Frauen es sauwitzig, den Männern ihren, höhö … Schlips abzuschneiden. Um symbolisch die Herrschaft zu übernehmen. Egal ob es an diesem Tag regnet, wir menstruieren oder gerade eine Kündigung erhalten haben – wenn es Weiberfastnachtstag ist, ist ein Riesenspaß angesagt.

Vor allem ist NRW aber der Pott! Jahrelang musste er dafür herhalten, deutschen Männern Sozialromantik und schweißtriefende Sentimentalität zu suggerieren wie Heidi kleinen Mädchen Alpencharme vorgaukelt. Denn der Pott, das waren Steinkohle und Stahl. Ehrliche Männer schufteten hart und heiß am Hochofen, die brave Ehefrau wusch zu Hause die Wäsche und versorgte die zwei bis vier Rotzbengel. Man wählte SPD, bejubelte den FC Schalke 04 und trank Bier.

Der Ruhrpott war in den sechziger, siebziger Jahren das soziale Gewissen Deutschlands. Wer damals noch nicht den Pott besucht hat, schaue sich einen alten *Tatort* mit Götz George an. Kein anderer deutscher Schauspieler vermag mit einer solchen

Sensibilität und Kraft und Präsenz das Lebensgefühl der Ruhrpotts zu *sein* wie er. Die *Focus*-Redakteurin Carin Pawlak beschreibt ihn so, als wäre Schimi ihr Traummann.

»Schimanski ist alt. Abgewrackt. Er tut das, was er, wie er sagt, am besten kann: Bier aus Dosen trinken. Er hat kein Geld für eine Krankenversicherung oder eine ordentliche Bleibe. Aber er hat noch seinen legendären Parka. Und Gespür. Und Feingefühl, auch wenn er noch immer durch Türen geht, ohne sie vorher zu öffnen. Und er hat Liebe. Für die Wahrheit und die Menschen. Es ist bekannt, dass sich Götz George nie in einer Rolle doubeln lässt. Vielleicht wirkt er deshalb so echt. Nicht nur in seinen Stunts.«

Nun kenne ich zufällig den Traummann von Frau Pawlak, keine Ähnlichkeit, nirgends, mit Schimanski, aber Götz George spielt die fleischliche NRW-Verkörperung so sympathisch, dass wir Frauen aus Hamburg, Berlin, München reihenweise in Ohnmacht fallen. Obwohl wir zugegebenerweise sonst nicht auf Männer mit Parka stehen, die Bier aus Dosen trinken und noch mit siebzig Kaugummi kauen, als wären sie ein adipöser Bulle.

Ebenso wie Schimanski ist auch der Ruhrpott längst in Rente und will noch nicht ganz einsehen, dass andere das Ruder längst übernommen haben.

»Früher hatte Gelsenkirchen 50 000 Bergarbeiter und acht Zechen. Heute gibt es noch ein Bergwerk, und nur 3000 Einwohner sind Bergarbeiter«, schreibt Karl-Heinz Büschemann in der *Süddeutschen Zeitung*. »Schon jetzt ist im Ruhrgebiet die Zahl der Arbeitslosen hoch. In Gelsenkirchen haben 17,7 Prozent der Menschen keine Arbeit, und als es Hartz IV noch nicht gab, lebte hier jeder vierte vom Arbeitslosengeld.«

Das Problem: Die Zechen sind geschlossen worden, und um einen effizienten Strukturwandel hat man sich, als man es finanziell noch konnte, nicht rechtzeitig gekümmert. Heute muss man sich kümmern, aber die nötigen Mittel sind knapp.

Aber wenn man im Steinkohlebergbau etwas gelernt hat, dann: Hör auf zu jammern. Mach.

Also kann man zur Zeit eines der spannendsten Städteliftings erleben seit dem Fall der Mauer. Eine großangelegte Freizeitindustrie verkauft die Zechen als Erlebnisparks, Vergnügungsparks und Naherholungszentren. Es muss jeden ehemaligen Kumpel im Rheuma zwicken, wenn er sieht, wie heute Muttis mit übergroßen Sonnenbrillen und Quengelbrut durch seine ehemalige Zeche tippeln, stets bewaffnet mit einem »Chantalle!! – Geh da nich so nah ran, sach ich« und drei Packungen Schokoladenkeksen.

Nach Bottrop, eine der wenigen Städte des Ruhrgebietes, in der es noch eine aktive Zeche gibt – und die auch gleichzeitig die größte Zeche Deutschlands ist –, pilgern die Menschen nicht wegen der Zeche, sondern wegen der größten Indoor-Skihalle der Welt. Skifahren! In Bottrop!! Das ist deutsche Alltagskultur in Reinform. Dass diese Umstrukturierungsmaßnahme damals durchgewinkt wurde, zeigt nur, wie erfindungsreich Nordrhein-Westfalen ist, wie wild entschlossen, die Region nicht kampflos der Arbeitslosigkeit und Kleinkriminalität zu überlassen, und wie hart im Nehmen sie sind, geschmackstechnisch gesehen.

Für alle, für die Skifahren in Bottrop zu proletarisch ist, sind Universitäten in Bochum, Dortmund, Essen und Duisburg gegründet worden. Nicht um die Region klüger zu machen, sondern emsiger. Nach und nach siedeln sich kleine und junge Unternehmen in der Peripherie der Universitäten an, nach und nach gibt es Ausweichmöglichkeiten, jenseits von Zeche und Stahl. Und nach und nach hören deshalb auch die Vater-Sohn-

Gespräche auf: »Junge, was willste denn mal machen? Dein Großvater war in'n Pütt, ich war in'n Pütt. Und du wirst da auch mal hin.«

Und jetzt kommt das große Plus des Ruhrpotts: Alles funktioniert als Regionalverband. Fahren Sie von Düsseldorf nach Gelsenkirchen – Sie brauchen nur eine Fahrkarte zu kaufen. Regionalverband Ruhr.

Studieren Sie in Bochum, können Sie das aber gleichzeitig auch in Essen, Scheine werden anerkannt. Regionalverband Ruhr.

Meine große Schwester zieht die andere, die noch größere, immer auf: »Was? Düsseldorf ist eine Großstadt? Aber dann hieße es doch Düsselstadt!« Die beleidigte, ältere, kontert: »Fahr du mal von Berlin-Mitte nach Spandau. Wenn es ein Verkehrssystem in Deutschland gibt, das mittelalterlich langsam ist, dann ist es das Berliner.«

Was ist jetzt an dieser ästhetisierten und mitteinander verwobenen Form des mitteldeutschen Proletariats erkundenswert? Schauen Sie sich drei Schimmi-Filme an. Fahren Sie nach Bottrop, Bochum, Gelsenkirchen. Gehen Sie an eine Pommesbude und bestellen Sie Schranke-rot-weiß. Kaufen sie einmal in einem Spielzeugladen Blink-Glitter-Kreischspielzeug. Und streifen Sie wie Schimanski furchtlos durch die Stadt. Die Tristesse dieser Städte hat ihren eigenen Charme, ähnlich wie auch ein Friedhof im November wunderschön sein kann. Hören Sie Herbert Grönemeyers »Bochum«. Wenn Sie das alles intensiv und ausdauernd machen, wenn Sie währenddessen nicht nach Hause telefonieren oder eine Assimilationsphobie entwickeln, dann wählen Sie das nächste Mal vielleicht auch wieder SPD.

Wenn nicht: Dann gehen'se doch nach Köln.

▮▮▮ TIPP

Besuchen Sie die Route der Industriekultur. Ob Sie die Zentralschachtanlage Zollverein XII besuchen oder die Lindenbrauerei Unna. Das Umspannwerk Recklinghausen oder das Gasometer in Oberhausen. Überall werden Sie vertraut gemacht mit einer längst vergangenen blühenden Landschaft einer Arbeiterkultur des 19. und frühen 20. Jahrhunderts. Diese Orte sind hervorragend mit Kindern zu besuchen, scheuen Sie sich nicht vor einem Geschichtstrip ins vorletzte Jahrhundert. (www.route-industriekultur.de)

26 *Thüringen: Werden Sie demütig*

Ein Sonntag ohne Klöße verliert an seiner Größe

Wenn Sie nicht aus Thüringen kommen, werden Sie das mit den Klößen nie lernen. Nie. Ich sag Ihnen mal, wie das bei uns zu Hause funktioniert hat, aber setzen Sie sich dazu bitte gerade auf den Stuhl.

Also: Meine Mutter ist Thüringerin. Stolz ist sie wie alle Thüringer, Nachfahrin von Martin Luther zu sein. Stolzer ist sie, Thüringer Klöße kochen zu können. Thüringer Klöße? Sind das diese niedlichen, kartoffelgelben Knödel, die in Soße ersaufen und sich dabei an einen zarten Rehrücken schmiegen? Schon verloren. Wer bei meiner Mutter Knödel statt Klöße sagte, wurde gleich des Raumes verwiesen. Obwohl nur die Bezeichnung von Region zu Region variiert, aber nicht das Grundkonzept, stand für sie fest: Wer Knödel sagt, muss Klöße meiden. Egal ob die Kartoffeln überall gleich verarbeitet werden. Thüringer Klöße werden auch Hütes genannt, weil – so der Brauch – das Rezept von Hochzeitsnacht zu Hochzeitsnacht weitergegeben wurde, immer von Mutter zu Tochter, immer mit dem warnenden Hinweis: »Hüt'es!« So weit haben meine Eltern die Knollenhysterie aber nicht getrieben. Soweit ich weiß, verlief ihre Hochzeitsnacht reibungslos und ohne schwiegermütterliche Intervention.

Zurück zu den Kartoffeln, welche sind die richtigen, um Pate zu stehen für das wichtigste Beilagengericht der Deutschen? Mein Vater durfte immer nur sonntags, immer nur bei Gästen und immer nur nach dem ersten Glas Wein albern werden, ohne dass meine Mutter »ach, Helmut« seufzte. »Mit den Kartoffeln ist es wie mit den Frauen«, pflegte er dann zu sagen, »die ganz jungen gehen nicht, und die ganz alten gehen nicht.«

An jedem Samstagabend meiner Kindheit stand meine Mutter in der Küche und schälte einen Eimer Kartoffeln. Randvoll. Der blieb über Nacht im Wasser, und spätestens am Sonntag früh drängte sie: »Helmut, nun steh aber auf, wir werden sonst nicht fertig.«

Aufstehen, frühstücken, wegräumen waren eins. Und dann verband sich mein Vater sorgfältig mit Packtesafilm die Fingerkuppen. (Pflaster für jeden Finger wäre zu teuer gewesen!) Dann rieb er einen Eimer Kartoffeln. Fein. Musartig. So, dass man keinen Filz Faser erkennen konnte. Das Ganze ist so schweißtreibend, dass ich mit meinem ersten Freund die richtige Reibetechnik mittels eines handgroßen Steines geübt habe, weil ich nicht wollte, dass er sich beim Mitreiben blamiert. Da war Vatern eisern: Wer nicht mindestens einmal mitgerieben hatte, bekam seine Töchter nicht. Kloßreiben – Ehrensache.

Mutter lief indes und holte ein von Großmutter (!) gestricktes engmaschiges Kloßsäckchen. Der geriebene Inhalt kam hinein und wurde dann in einer sogenannten Kloßpresse gepresst. Gepresst. Und gepresst. Stundenlang. Immer wieder. Bis alles Wasser aus dem Kartoffelmus heraus war. Krümelig und staubtrocken war nun alles. Jetzt fing die eigentliche Arbeit an: Mit einem kinderarmdicken Quirl (aus altem Tannenbaumholz gefertigt) wurde der Brösel durchwalkt, Mutter goss nach und nach heißes Wasser dazu und formt aus der lodernden Masse schließlich großbusige Klöße, in die sie ein paar mickrige Brotwürfel reindrückte. (Es war ihr ein Vergnügen zu sehen, dass wir alle nicht mit ihren unverbrühbaren Fingern mithalten konnten. Immer wieder mussten wir unsere Hände zwischendurch in kaltes Wasser halten.) Die fertigen Klöße wurden dann in heißes, aber nicht mehr kochendes Wasser geschubst, und dann, dann konnte das halbe Schwein oder die Rinderkeule aus dem Ofen geholt werden. Soße dazu – fertig.

Am Tisch erzählte Vater dann gern die Anekdote, dass es früher den ersten Kaventsmann nackig, den zweiten mit Soße, den dritten mit Fleisch und erst den vierten mit einem Glas Wein gegeben hätte. Mutter konnte nie abwarten, bis alle saßen, sondern musste neugierig immer den ersten schon mal aufreißen. Wenn der Kloß nicht grau war, nicht auseinanderfiel, nicht zäh war, dann seufzte sie glücklich, sah meinen Vater an und sagte: »Ich kann gar nichts essen. Ich bin satt.«

27 *Schleswig-Holstein: Werden Sie Stimmungsseismograph*

Husum, besungen von Theodor Storm:

Am grauen Strand, am grauen Meer
Und seitab liegt die Stadt,
Der Nebel drückt die Dächer schwer
Und durch die Stille rauscht das Meer
Eintönig um die Stadt.
Doch hängt mein ganzes Herz an Dir,
Du graue Stadt am Meer,
Der Jugend Zauber für und für
Ruht lächelnd doch auf Dir, auf Dir
Du graue Stadt am Meer.

Schleswig-Holstein ist nicht lieblich, nicht groß, nicht reich. Schleswig-Holstein ist immer genau das Gegenteil: kalt, unscheinbar, rauh, spröde. Einzig die Weite der Landschaft und das Meer öffnen den Blick für das Wesentliche. Einzig?

Es muss etwas verborgen liegen in dieser Weite, denn in keinem anderen Bundesland (bezogen auf die Einwohnerzahl) gibt es so viele Dichter, Schriftsteller, Empathiegenies wie in Schleswig-Holstein. Johann Heinrich Voß, Matthias Claudius, Friedrich Hebbel – alles Empfindungskönner, die mit Schlichtheit Gefühle erzeugen können – und nicht mit Prunk, wie es so leicht ist und auch so leicht kitschig.

Beispielsweise Matthias Claudius:

Seht ihr den Mond dort stehen?
Er ist nur halb zu sehen.
Und ist doch rund und schön.
So sind wohl manche Sachen,
die wir getrost verlachen,
weil uns're Augen sie nicht seh'n.

Millionen Kinder sind mit dem aufgegangenen Mond schläfrig gesummt worden. Einfach, weil es schlicht ist. So ist es auch mit Schleswig-Holstein. Es ist schlicht und schön. Mehr nicht. Meer doch. Theodor Storm hat mit seinem rauhen *Schimmelreiter* Mentalität, Gemüt und Charakter der norddeutschen Küstenbewohner besser gezeichnet als jeder andere Dichter. Thomas Mann schenkte der Stadt Lübeck jahrhundertelang anhaltende Tourismuseinnahmen, indem er die *Buddenbrooks* zu dem Maskottchen der Stadt machte. Günter Grass wohnt dort oben im Norden, Siegfried Lenz, Günter Kunert. Oder Sarah Kirsch. Sarah Kirsch, die Wunderbare.

Ging in Güllewiesen als sei es
Das Paradies beinahe verloren im
Märzen der Bauer hatte im Herbst sich erhängt.

Das ist die Sprache des Landes: lapidar, schnörkellos, echt. Wenn Sie nach Schleswig-Holstein reisen, tun Sie dies im November. Dann ist Depressionshochphasenwetter: verregnet, tourismusfrei, einsam. Entweder Sie erhängen sich gleich nach dem Wochenende, oder Sie erkennen, dass das einzig Wahre, das Schöne in *Ihnen* ruht: Genialität. Ausdruck, Kreativität.

Wie immer Sie es nennen wollen. Gehen Sie raus in den Regen und flüstern sie dem Wind ihre Träume zu. Tun Sie das leise und ganz für sich. Die Schleswig-Holsteiner werden Sie für bekloppt erklären, wenn sie dahinterkommen, was Sie da machen.

28 *Saarland: Werden Sie Ihr eigener Herr*

Früher, wenn ich als Kind Pflaumenkuchenstreusel vom Blech klauen wollte und meine Mutter im letzten Moment in die Küche kam, erscholl regelmäßig und autoritär: »Finger weg vom Saargebiet.« Das habe ich mir gemerkt. Finger weg vom Saargebiet, keine Ahnung, was es bedeutete, dass es nicht »Pflaumenkuchenstreusel klauen verboten« hieß, war mir auch klar. Aber wer oder was ist das Saargebiet? So was Ähnliches wie Sago? »Das ist eine Gegend in Deutschland. Und jetzt ab! Hände waschen.« Während ich die Hände mit Seife schrubbte, beneidete ich das Saargebiet. Dort mussten stolze Leute wohnen, wenn ein »Finger weg vom Saargebiet« es zum nationalen Erziehungsspruch brachte.

Tatsächlich ist das Saarland historisch ganz und gar interessant. Ich zitiere Wikipedia, das Nachschlagewerk, das man nicht benutzen soll, es aber dennoch immer wieder tut:

»Eine politische Einheit bildet die Region seit 1920: Durch den Versailler Vertrag wurde nach dem Ersten Weltkrieg das *Saarbeckengebiet* geschaffen und dem Völkerbund unterstellt. Am 13. Januar 1935 entschied sich die Bevölkerung in einer Volksabstimmung zur Rückkehr ins Deutsche Reich. Nach dem

Zweiten Weltkrieg war das Saarland zunächst ein französisches Protektorat und als solches sowohl wirtschaftlich als auch politisch an Frankreich angebunden. Nach Gründung der Bundesrepublik und der DDR 1949 erhielt das Saarland einen autonomen, einem Staat ähnlichen Status, eigene Pässe, eigene Autonummern, eine eigene Olympiamannschaft (1952) und eine eigene Fußballnationalmannschaft (WM-Qualifikation 1954). 1957 schließlich trat das Saarland – wieder nach einer Volksabstimmung – der Bundesrepublik Deutschland bei.«

Ach was. Da durfte also gleich zweimal die Bevölkerung entscheiden, ob sie zu dieser oder jener Region gehören wollte? Das ist ja doll. Alles andere ist eher mittelmäßig: das Essen; hm, ja, ein bisschen frankophil, ein bisschen rustikal, die Gegend wird vom dortigen Fremdenverkehrsverein als bodenständig beschrieben. Mein Lieblingshasswort für eine Destination. Bodenständig heißt nichtssagend. Und selbst die Prominenten des Saarlandes haben C-Rang. Oder D-, E-, F-Rang.

Rudi Assauer, Jupp Derwall, Gerd Dudenhöffer alias Heinz Becker, Frank Farian, Werner Freund, Dieter Thomas Heck (der ist allerdings in Hamburg geboren), Boris Henry, Erich Honecker, Nicole, Stefan Kuntz, Claudia Kohde-Kilsch, Oskar Lafontaine, Heiko Maas, Peter Müller, Hubert Ulrich, Detlev Schönauer, Max Ophüls, Peter Scholl-Latour und Jochen Senf. Na, super.

Sport, Musik, Kunst, Kultur, och, da röchelt die Saarländer Seele und hüstelt verlegen. Nix Großartiges, nix Gescheit's.

Man muss sich auf das Einzigartige der Saarländer konzentrieren. Die haben sich ihr Stückchen Eigenständigkeit bewahrt, per Volksabstimmung. Ohne dabei zu versauern. Auch wenn sie nicht zu Frankreich gehören wollten, ist das Saarland noch heute das einzige Bundesland, das zwei Pflichtsprachen in den

Schulen lehrt: Englisch und Französisch. Im Saarland kann man Froschschenkel essen, die Internetseite des dortigen Tourismusvereins begrüßt einen mit einem schwungvollen Bonjour, nirgendwo werden die französischen Petitessen verschwiegen, aber deutsch wollte man eben doch bleiben. Das Saarland als kleinste Schweiz der Welt: unabhängig, eigenwillig und voller Volksbegehren. Und ein paar Berge gibt es dort auch.

29 *Berlin/Brandenburg – arm, aber sexy: Werden Sie Antimaterialist*

Berlin ist arm, aber sexy – diese Devise gab Berlins Oberbürgermeister-*Bunte*-Promi Klaus Wowereit als Wahlkampfmotto aus – und tatsächlich: Bald bekam dieses Motto das, was Marketingexperten einen viralen Effekt nennen. Man sprach über diesen bescheuerten Satz, man zitierte, verballhornte, missbrauchte ihn. Und brachte damit »Wowis Politik« und sein intuitives Gespür für den richtigen Satz im richtigen Moment (»ich bin schwul, und das ist auch gut so«) immer wieder auf die Tagesordnung. Geschickter kann man hochverschuldet keine Politik machen.

Das Dolle ist aber dett: Berlin ist nicht nur hochverschuldet – sondern ist auch etwas für Hochverschuldete. Denn entgegen anderslautenden Gerüchten von bildungsphlegmatischen Rheinländern oder den Popo nicht hochkriegenden Baden-Württembergern: Man muss kein Vermögen ausgeben, wenn man sich die Hauptstadt anguckt. Strenggenommen, braucht man noch nicht einmal Geld dazu.

Nirgendwo ist es so leicht wie in Berlin, sich Sport, Politik, Religion, Alltagskultur, Kunst und Literatur einzuverleiben. Man braucht vieles dazu: Lust, Neues auszuprobieren, Spaß, Mut – aber Geld nicht.

- Jeden Donnerstagabend ist Museumsabend: In allen Museen der Stiftung Preußischer Kulturbesitz ist der Eintritt vier Stunden vor Schließung frei (siehe auch unter: www.smb.spk-berlin.de). Auch der Besuch des Museums Deutsche Guggenheim ist kostenlos. Oder mittwochs das Märkische Museum. Oder ...
- Es lohnt sich, vor einem Berlinbesuch »Umsonst-Angebote« zu recherchiren. Googeln Sie einfach »Berlin umsonst«.
- Die Berliner Ministerien veranstalten regelmäßig Tage der offenen Tür. Dort kann man nicht nur umsonst gucken, wo Ulla Schmidt oder Horst Seehofer regieren, oftmals gibt es dort auch Häppchen und Schlückchen dazu. Umsonst.
- Im Café im Körnerpark kann man alljährlich Konzerte besuchen, immer draußen, immer kostenlos. Oder man besucht das Kulturschock-Festival. Oder eine der vielen in Berlin produzierten Fernsehshows.
- Wer erst einmal traditionell Berlin kennenlernen will, steigt in die Buslinie 100. Die fährt die wichtigsten Sehenswürdigkeiten ab und gilt als billigste Sightseeingtour Berlins.
- Auch viele Kirchenkonzerte sind kostenlos, beispielsweise im französischen Dom.
- Und wer neben seinem Hunger auf Kultur auch noch leiblichen verspürt, sucht eine der vielen Vernissagen in Berlin auf: Die dort ausgestellten Bilder sind meist interessant, die

davor fachsimpelnde Avantgarde ist interessanter. Man muss nur aufpassen, dass man sich nicht einmischt, wenn der Mund noch voll ist. Die Speck-Pflaumenhäppchen tropfen sonst raus.

- Hotels gibt es bereits ab neun Euro pro Nacht. Na gut, es können auch schon mal dreizehn sein. Aber wer im Verein der Wohnungstauscher ist, kann sogar ganz und gar kostenlos in Berlin übernachten. Einen Fremdenführer gibt es dann in Gestalt der Mitbewohner gratis dazu.
- Die Hotelkette AO Hostel (www.aohostels.com) lässt bei bestimmten Vornamen sogar kostenlos übernachten. (Vorher nachfragen, die Aktion fand 2008 statt. Bei Redaktionsschluss dieses Buches stand noch nicht fest, ob sie 2009 wieder aufgenommen wird.)
- Ach, und wer noch ein typisches Souvenir zum mitbringen sucht, marschiert in einen der vielen Umsonst-Läden in Berlin. Und wird dort fündig. Denn typischer als das, was man dort geschenkt bekommt, findet man auch nicht einem der »Schicke-Scheiße-Design-Läden« in Berlin Mitte.

Das, wozu aber Berlin vor allem nützt, ist eine gelebte Erkenntnis, die, in Gruppenseminaren erörtert, viele Hundert Euro kostet: Man braucht kein Geld, um am öffentlichen Diskurs teilzunehmen. Jedenfalls nicht zwangsweise und immer. Das soll keine Verherrlichungsarie auf das geldfreie Leben sein, aber in Deutschland lässt sich viel Kultur kostenlos erleben, vor allem wenn man den Begriff Kultur auch auf Alltagskultur, Trivialkultur und Seelenkultur ausdehnt. Besuchen Sie einen der vielen Flohmärkte an der Spree, Soziologen würden aus dieser Auslage ganze Bücher über die deutsche Befindlichkeit und ihren schlechten Geschmack schreiben. Auch ein Talkshowpublikum lässt sich studieren wie der seltene Bombardierkäfer. Die Kaiser-Wilhelm-Gedächtniskirche direkt am Berliner Zoo ist dermaßen kontemplativ und beruhigend: Da räumt sich die Seele ganz von selbst wieder in ihr richtiges Körpereckchen. Sitzen Sie dort einmal eine Stunde mit Vivaldi-Musik auf dem Kopf: Berauscht werden Sie diesen Ort verlassen.

Und berauscht werden Sie auch Berlin verlassen, weil diese Stadt auf ganz und gar charmante Weise deutlich macht, dass Geld nicht alles auf der Welt ist. Natürlich kann man auch hier das Geld auf den Kopf hauen, ups, und wie. (Am schnellsten und effektivsten ist es bei einem der vielen Hütchenspieler in der Innenstadt. Ratzfatz sind 200 Euro weg, und wenn Sie sich nicht beeilen, dass Sie nach Ihrem Verlust Land gewinnen, haben Sie auch noch schnell ein blaues Auge gratis dazu.)

Und noch ein schöner Nebeneffekt kommt dazu: Wer einmal »Berlin kostenlos« ausprobiert hat, fühlt sich komisch leicht und studentenhaft jung. Das spart dann gleich die Botoxspritzen, Therapiesitzungen und Faltencremes daheim. Berlin macht reich und sexy!

TIPP

Übernachtungstipp: Jetzt haben Sie mäßig Geld gespart. Geben Sie es im Künstlerheim Luise wieder aus. Es lohnt sich, in einem der originellsten Hotels der Welt zu übernachten.

30 *Mecklenburg-Vorpommern: Hier beenden Sie Ihre Zenreise – werden Sie ruhig*

Wenn Sie nun durch ganz Deutschland gegurkt sind oder auch nur ein oder zwei Bundesländer beguckt haben, dann wird es Zeit, sich auszuruhen. Sicher, Deutschland hat wunderschöne Landschaften, tolle Kneipen, aufregende Städte. Blablabla. Von allem haben Sie nichts, wenn Sie innerlich gehetzt weiterreisen, weiter, immer weiter, um noch wunderschönere Landschaften, tollere Kneipen, aufregendere Städte zu besichtigen. Wissen Sie was? Sie machen jetzt Pause. Und reisen nach Mecklenburg-Vorpommern. Hier ist es herrlich unaufgeregt, und Landschaft und Mensch sind sich einig: Lieber Touri, du kannst hier den Overkill-Kulturi spielen. Musst du aber nicht.

Du kannst auch einfach zu einem der vielen Seebäder gehen und dort einen Kaffee trinken. Du kannst in einem der Mecklenburgischen Ostseebäder schwimmen. Du kannst auch einfach nur *sein*. Noch'n Kaffee? Das, was einen »Meck-Pom« lehrt, ist, die Ruhe wiederzufinden, die einem meist im Alltag irgendwo wegpurzelt. Die vielen alten Hansestädte, die rauhe Ostsee (rauher als die Nordsee), die unaufgeregte Landschaft und die Menschen, liebevolle, aber karge Charaktere, lehren einen Zen. Leere und Vollendung. Denn Zen in erster Linie bietet nichts. Keine turboschnelle Erleuchtung, keine Glückseligskeitsgarantie. Zen bedeutet einfach, das Leben in seiner Fülle zu leben, ohne störende Ich-Bezogenheit, ohne Leiden, ohne Ablenkung.

Natürlich werden Sie auch in Mecklenburg-Vorpommern Ablenkung, Egoismus und Konsum finden. Letzteres in Form von unsagbar kitschigem »Kunsthandwerk«. Da werden Igel getöpfert, als gelte es einen Rekord aufzustellen. Schals gefärbt, Kerzen gegossen, Becher bemalt. Alles *unsagbar überflüssig*. Aber das ist ja nur ein Teil von Mecklenburg-Vorpommern, den kann man sich antun. Den kann man aber auch verschieben, bis man nach Pirmasens oder Bielefeld oder Kleinsiehstenicht reist. »Meck-Pom« ist einfach nur Kaffee trinken, baden, sein.

Fahren Sie auf den Darß, und tun Sie das, was schlechte Reisejournalisten »Seele baumeln lassen« nennen. Ihre Seele muss nicht baumeln. Sie kann auch einfach nur im Bett liegenbleiben und dösen. Wenn sie will, steht sie irgendwann auf und geht an den Strand. Wenn sie nicht will, dann verpasst Ihre Seele auch nüscht. Das Tolle ist: Nach nur zwei, drei Tagen pflichtfreier Seelengammelei ist Ihr kleines Gemütchen dick und schwer und robust genug, um meinetwegen auch wieder irgendwo baumeln zu können. (In Pirmasens, Bielefeld oder Kleinsiehstenicht.) Das Tolle an Mecklenburg-Vorpommern: Man muss nichts tun, um zu erholen. Aber man kehrt so erholt heim.

▮▮▮ TIPP

Fahren Sie mit Ihrem Auto einen Tag auf den Darß. Er ist ein wunderschöner Landschaftsflecken, ganz im Norden von Deutschland. Und dazu: Yoga im Auto. Die Yoga-Expertin Ursula Karven nennt Ihnen eine wunderbare Funktioniert-garantiert-Übung: »An jeder roten Ampel: Oberkörper aufrichten. Einatmen und die Schultern weiter nach oben ziehen. Ausatmen und dabei die Schultern wieder fallen lassen. So lange wiederholen, bis die Ampel grün zeigt. Oder: Die Schultern in kreisenden Bewegungen dreimal nach hinten und dreimal nach vorn rollen. Lockert die Schultermuskulatur.« Weitere Übungen in: Ursula Karven: *Yoga für dich und überall.*

Wen man kennen muss

Eine Liste von Deutschen zu erstellen, die man kennen muss, ist Schwachsinn. Aber mein Verleger bestand darauf, Entschuldigung. Anders als die Liste der Bundesländer, Regionalgerichte oder Stereotype ist die Liste der wichtigen Deutschen nicht endlich. Und wer ist *wichtig*? Einer, der Außergewöhnliches in seinem Fach geleistet hat? Dann müssen Boris Becker, Michael Schumacher und Franz Beckenbauer erwähnt werden. Und wenn wir die Großen erwähnen, dann müssen wir doch erst auch einmal fragen: Wer ist groß? Dieter Bohlen, nur weil er »Cheri, Cheri Lady« komponierte? Heidi Klum wegen ihrer Oberweite? Hans Albers, weil er so wunderbar romantisch in die Ferne gucken konnte und in Wirklichkeit nur kurzsichtig auf das nächste Pappschild mit seinem Text linste?

Mein Vater lebte jahrelang hervorragend in der Weltgeschichte, ohne Modern Talking zu kennen. Ob meiner Nichte das gleiche Glück zuteilwird, wenn sie bei Adenauer »hää?« fragt, wird sich weisen.

Ich habe deshalb Promis, Sportler, Helden (und Schurken), Politiker und Geistesgrößen zusammengetragen, die für eine bestimmte Eigenart der Deutschen stehen. Zumindest die sind nämlich irgendwann endlich. Und damit schlage ich all denen ein Schnippchen, die »unvollständig«, »willkürlich« oder »ungerecht« brüllen. Wie ein hoch avantgardistischer Filmemacher, der vor der Grimme-Preis-Jury sein Werk verteidigt (»aber der Film *wollte* banal sein – das war seine Intention«), lehne ich mich nun zurück und sage: Aber die Liste der Deutschen, die Sie kennen sollten, *wollte* unvollständig sein. Ätsch.

31 *Konrad Adenauer: der Glückskeks-Kanzler*

Das Schönste am ersten Bundeskanzler der Bundesrepublik Deutschland, Konrad Joseph Hermann Adenauer, waren nicht sein biblisches Alter, als er regierte, oder seine politischen Ziele wie Westbindung, soziale Marktwirtschaft, Antikommunismus. Auch sein Patent, die »innen beleuchtete Stopfkugel«, wird wahrscheinlich nicht in den Köpfen der Menschen bleiben. Aber seine Sprüche! Die sind schnodderig, volksnah, echt und deswegen ohne Mindesthaltbarkeitsdatum, weil sie von hoher Weisheit zeugen. Wenn man mal den rheinländischen Singsang kurz zur Seite schiebt: »Nehmen Sie die Menschen, wie sie sind, andere gibt's nicht.«

Besser kann es der Dalai Lama auch nicht formulieren.

- Wir leben alle unter dem gleichen Himmel,
  aber wir haben nicht alle den gleichen Horizont.
- Wenn die anderen glauben, man ist am Ende,
  so muss man erst richtig anfangen.
- Machen Sie sich erst einmal unbeliebt,
  dann werden Sie auch ernstgenommen.
- Die Weltgeschichte ist auch die Summe dessen,
  was vermeidbar gewesen wäre.
- In der Politik geht es nicht darum, recht zu haben,
  sondern recht zu behalten.
- Die Erfahrungen sind wie die Samenkörner,
  aus denen die Klugheit emporwächst.
- Alle menschlichen Organe werden irgendwann müde.
  Nur die Zunge nicht.

- Alles, was die Sozialisten vom Geld verstehen, ist die Tatsache, dass sie es von anderen haben wollen.
- Natürlich achte ich das Recht. Aber auch mit dem Recht darf man nicht so pingelig sein.
- Man darf niemals »zu spät« sagen. Auch in der Politik ist es niemals zu spät. Es ist immer Zeit für einen neuen Anfang.
- Mit kleinen Jungen und Journalisten soll man vorsichtig sein. Die schmeißen immer noch einen Stein hinterher.
- Ehrungen, das ist, wenn die Gerechtigkeit ihren guten Tag hat.
- Wer Berlin zur neuen Hauptstadt macht, schafft geistig ein neues Preußen.

32 *Angela Merkel*

Mit Angela Merkel verhält es sich ein bisschen so wie bei Kafka. Der Reisende Gregor Samsa erwacht eines Morgens aus »unruhigen Träumen« und ist ein Käfer. Angela Merkel wacht eines Tages auf und ist die mächtigste Frau der Welt. Wenn Sie begreifen wollen, was diese Verwandlung bedeutet, dann holen sie einmal das erste Symbolfoto von Merkel vor Ihr geistiges Auge, an das Sie sich erinnern können. Richtig, das, wo sie mit ein paar alten Fischern in einer Hütte sitzt. Die einen trinken Schnaps, die andere macht Wahlkampf.

Und dann stellen sie mal ein x-beliebiges Wahlkampfplakat aus dem Jahre 2008 dagegen. Ein so richtig offizielles. Unglaublich, oder? Diese Verkäferung.

Angela Merkel muss man gucken, nicht hören. Das wird sie ärgern, weil sie findet, dass sie etwas zu sagen hat. Weil sie nicht als *Frau* beurteilt werden will, sondern als *Mensch*. Weil sie sich kompetenter findet als ihren Körper. In Interviews betont sie immer wieder, wie motorisch rückständig sie als Kind war. Diese Rückständigkeit hat sie sich bis heute erhalten. Nie tänzelt sie irgendwo auf dem politischen Parkett. Auch schreiten ist nicht ihre Sache. Angela Merkel tapselt. Als wäre ihr Körper eine zu große Kasperle-Handpuppe, die aber trotzdem irgendwie bewegt werden muss.

Diesen Körper steckt sie, seitdem sie Bundeskanzlerin von Deutschland, ist in gut geschnittene Anzüge, gern mit bunten Jacketts, bei denen junge Eltern Angst hätten, ihr ihr Kind anzuvertrauen, weil sie fürchteten, die Jacken wären nicht farbecht. So steht sie meistens auf irgendwelchen EU-Bildern zwischen ganz viel marine und trägt dann, grad zum Possen und um die Männer ein bisschen zu ärgern, rot. Oder blau. Oder grün. Mein Sohn hat mit Angela Merkel die Farben gelernt: Ist das rot? – Nein, das ist magenta. Ist das grün? – Nein, das ist türkis.

Um sich dennoch ein bisschen mehr als Frau zu präsentieren, trägt Merkel Kette. Immer. Mal sind es Steinketten, mal Halbedelsteine. Nie Perlen. Es sei denn, sie geht auf die Bayreuther Festspiele. Aber dann guckt man eh nicht auf das, was sie am Hals trägt, sondern auf das, was sie darunter trägt. Sehr schön war 2005 ihr lachsfarbenes Wildseidenkostüm, das Spuren einer nässenden Achsel verriet.

Im vorauseilenden Gehorsam retouchierten *einige* eilfertige Journalisten das Achselnass aus den Bildern, andere mokierten sich darüber, dass das geschichtsfälschender Journalismus sei. Ein Fest für Satiriker.

Noch besser war ihre Garderobe nur 2008, als sie eine Oper in Oslo einweihte. Mit einem atemberaubenden Dekolleté.

Das Komische war nicht ihr fast blanker Busen, sondern der *Bräunungsrand*. Der zeigte seismographisch genau, dass Frau Bundeskanzler gewöhnlich nicht so ausgeschnitten herumläuft, noch nicht mal des Sommers am Strand.

Was sagen all die Lästereien über das Bild der Deutschen? Dass sie noch lange nicht gewöhnt sind, mächtige Frauen an ihrer Spitze als normal zu akzeptieren. Die altehrwürdige *Frankfurter Allgemeine Zeitung* hat jahrelang Schwierigkeiten gehabt, eine Bildtradition für Frau Merkel überhaupt erst einmal zu *schaffen*. Bei ihrem Vorgänger, Gerhard Schröder, war es einfach: Schröder mit Daumen hoch, Schröder treppauf irgendwohin, Schröder beim Fußball, Schröder mit Bier. Der Macher hießen diese Bilder, der Volksnahe, der Robuste. Der (wenn auch bildlich nur mit einem Daumen) Unterdrückende.

Und Merkel? Bildet man oft allein ab. Dort steht sie dann nicht *verloren*, sondern *raumfüllend*. Die Herrscherin des Raumes. Oft wird sie auch mit vermittelnden Gesten fotografiert. Wie sie Hände schüttelt oder eine zusammenbringende Geste macht. Wenn man nicht will, dass man als Fotograf von ihr mit den Worten »geh'n Se doch mal 'n bisschen aus der Latichte« (Latichte: Licht) vertrieben wird, tut man gut daran, sie nicht von der Seite, von unten, beim Gehen zu fotografieren.

Und so kann man sich die Bildsprache der Bundeskanzlerin Angela Merkel allein unter dem Gesichtspunkt ansehen:

- Wie viel Weiblichkeit in Kleidung, Schmuck, Mimik, Gestik verträgt das deutsche Wählvolk?
- Wie viel Weiblichkeit braucht das Amt, das zu einem der mächtigsten der Welt gehört?

Angela Merkel ist der Gegenentwurf zu »Röschen« Ursula von der Leyen. (Schon den Spitznahmen »Röschen« hätte Merkel niemals öffentlich kolportiert.) Von der Leyen lässt sich zwischen Rosen fotografieren. Oder auf einem Quietschepferd. Oder mit behinderten Kindern in einer Integrationskita. Jedenfalls immer PR-gemäß und akkurat wie auf einem Werbeabreißkalender der hiesigen Apotheke. Von der Leyen symbolisiert Strebsamkeit, Fleiß, Verzicht. Merkel Bodenständigkeit, Macht und Grips.

33 *Die Kleingartenspießer: Franz Beckenbauer, Boris Becker, Steffi Graf, Michael Schumacher, Franziska von Almsick, die Fechterinnen von Tauber-Bischofsheim, Regina Halmich, Rosi Mittermaier, Bernhard Langer, Eberhard Ginger*

Sport ist für die meisten Deutschen wichtig. Deshalb verehren wir unsere Sportlerinnen wie kleine Mädchen Prinzessin Lillifee und die Sportler, als wären sie eine Mischung aus Lucky Luke, Winnetou und Obelix. Klug wie Lucky Luke, edel wie Winnetou, unschlagbar wie Obelix. Manchmal jedoch sind unsere Sportler klug wie Obelix und sportlich wie Lucky Luke.

Nehmen wir zum Beispiel Boris Becker, ein wirklich Großer des Fachs Filzballschlagen. In seinem Heimatdorf, Leimen bei

Heidelberg, steht ein Mittelklassehotel an der einzigen Dorfdurchgangsstraße. Direkt gegenüber der Rezeption ist ein kleines Messingschild angebracht: »Dieses Hotel wurde vom Vater des Wimbledon-Siegers Boris Becker errichtet.« Das sagt alles.

Nur als Boris Becker aufhörte, gelbe Filzbälle zu schlagen, war er bereits so ramponiert, dass er die ganze Welt als einen einzigen gelben Filzball betrachtete. Verschwand mit einer Russin in einer englischen Besenkammer, zeugte ein Kind und sprach hinterher tolldreist von Samenraub. Das spricht von dem unbedingten Witz der Deutschen. Erst eine Frau schwängern und dann noch »Raub« rufen. Gibt es wenigstens ab und zu einen wahren Moment, wo er über sich selbst den Kopf schüttelt und peinlich berührt zugibt, hier kräftig ins Aus gepfeffert zu haben?

Oder Franz Beckenbauer, auch er ein Meister im Fach Heimlichkinderzeugen. Auf einer Weihnachtsfeier des FC Bayern soll es passiert sein. Der erste, der spekulativ über die Schwangerschaft der heimlichen Geliebten Beckenbauers schrieb, war der *Mannheimer Morgen*. Der zuständige Redakteur wurde zwangsversetzt. Man konnte über alles schwadronieren, aber dem Kaiser zu unterstellen, er sei nackt? Ging nicht.

Die Reihe der Männer, die nach ihrer Karriere redlich arbeiten gehen, ist ausnahmslos dünn: Henry Maske leitete brav und bieder McDonald's-Filialen im Osten, Michael Schumacher mistet den Rennstahl seiner Frau aus, Günter Netzer wird Fußballkommentator der ARD. Die meisten aber denken: Ich war die ersten dreißig Jahre meines Lebens im Olymp, wieso also jetzt absteigen?

Interessant, dass die Frauen des Spitzensports meist erfolgreicher als ihre Kollegen sind. Disziplinierter und langweiliger. Steffi Graf war zeit ihrer Karriere siegreicher als Boris Becker.

Und danach? Zog sie nach Amerika, lernte einen Mann kennen, bekam zwei Kinder und bekennt im schönen Jahresturnus: »Wenn André und ich in einem Restaurant sitzen, überlegen wir immer, ob wir es noch zu den Kindern nach Hause schaffen, wenn wir das Dessert ausfallen lassen.« Dazu präsentiert sie wahlweise eine neu errichtete Fitnesskette, eine Handtaschenkollektion oder ein »selbstentworfenes Parfüm«. Als sie in einer Frauenzeitschrift einmal eine eigene Kolumne bekam, wurden die bedeutenden Medienkollegen des Landes eingeladen, königlich verköstigt, nur um hinterher stolz zu präsentieren: Unsere Steffi schreibt!

Auch Franzi von Almsick wurde Mama, Katarina Witt blieb *Bunte*-Single, in regelmäßigen Abständen fragt die Zeitschrift mütterlich: Ist sie zu erfolgreich für die Männerwelt? Und Rosi Mittermeier wurde Kommentiermäuschen in irgendwelchen drittklassigen Ranking-Shows. Egal ob Werbespots, Sommerhits oder Promipannen, immer treten sie und ihr kahlköpfiges Ehe-Yang neben Vera Int-Veen und Mola Adebisi auf und sagt ebbes Belangloses auf Bayrisch. Zwischendurch machen sie Werbung für cholesterinfreie Margarine und propagieren die Vorzüge des Nordic Walking.

Die Rollenaufteilung von Sportlern ist in Deutschland also sehr traditionell. Zur aktiven Zeit geht es so: Frauen und Männer sind Weltspitze, die Männer verdienen viele Millionen, die Frauen wenige Millionen. (Im Fall der weiblichen Weltmeister im Fußball sind es sogar nur wenige Zehntausend.) Nach der Karriere machen sich die Frauen rar und die Männer lächerlich. Damit steigern sie ihren Marktwert und verdienen durch Werbung weitere Millionen. Sport ist in Deutschland also eine ziemlich spießige Angelegenheit. Nur sieht das keiner, weil die Körper eben doch gut aussehen.

34 *Bekannt aus Film, Funk und Fernsehen*

Die deutschen Filmschauspielerinnen sind nicht besser und nicht schlechter als ihre europäischen Kollegen. Sie lassen sich nicht auf ein Vor-Urteil festlegen, und man kann sie ganz schlecht alle zusammen in eine Schublade pressen. Da passen sie alle zusammen nicht hinein. Weil mein Sohn gerade so versunken seine Bauklötze sortiert, die blauen in die Spülmaschine, die roten in Papas Pantoffel und die grünen auf den Balkonkasten – versuche ich es auch einmal. Mit einer ganz und gar sinnfreien Katalogisierung.

- Kapriziöse Diven: Marlene Dietrich, Hildegard Knef, Katja Riemann, Hannelore Hoger
- Gutmenschenschauspielerinnen: Iris Berben, Senta Berger
- Volksschauspielerinnen: Heidi Kabel, Veronika Ferres, die ewigdralle ARD-Schnepfe
- Die jungen eigenwilligen: Cosma Shiva Hagen, Meret Becker, Franka Potente
- Die Sauberfrauen: Ruth Leuwerik, Inge Meysel, Thekla-Carola Wied, Uschi Glas
- Die Seelchen: Maria Schell, Christine Kaufmann
- Die Verkannten: Ingrid Steeger, Gaby Dohm

35 *Modern Talking: haste was, biste was, schäm dich was*

Modern Talking, das Countertenor-Duo, das in den achziger und neunziger Jahren Millionenerfolge einfuhr mit so sinnvollen Lieder wie »Cheri, Cheri Lady«, verkörpert ein interessantes Phänomen. Nein, ich meine nicht das Brathähnchen-Goldkettchen-Phänomen, das besagt, dass man sich hier so grell und geschmacksfrei wie möglich kleiden muss, um berühmt zu werden.

Ich meine das »Erfolg-ist-zum-Schämen«-Prinzip. Die beiden, Thomas Anders und Dieter Bohlen, bestimmten über viele Jahre den europäischen und außereuropäischen Musikmarkt. (In den Ostblockländern tun sie es noch heute. Gehen Sie mal arm nach Moskau. Sie müssen sich nur auf den Roten Platz stellen und »ich kenne Dieter Bohlen« schreien. Sofort werden hysterische Russinnen Ihnen um den Hals fallen, Sie mit Kaviar und Pelzen überhäufen und in Ermangelung brauner gebrannter Helden emsig hyperventilieren. Sie müssen zusehen, dass Sie etwas von den Damen zu essen bekommen, bevor sie zu Boden gehen.)

Aber je erfolgreicher die beiden sind, umso hämischer werden sie im eigenen Land begutachtet, umso devoter müssen sich die beiden rechtfertigen: Ja, die Klamotten, die sie einst trugen, sahen scheiße aus, nein, ein Vier-mal-vier-Meter-Gebimsel um den Hals würden sie heute auch nicht mehr tragen, ja doch, ja, die Lieder hörten sich alle gleich an. Und je erfolgreicher die beiden ihre Platten verkauften, umso verzweifelter raufte sich das Musikfeuilleton die Haare: Wie kann so viel Schrott so oft gepresst werden? Ja, seit wann ist es denn so, dass sich Qualität mehrheitsfähig durchsetzt? Haben etwa die meisten Deutschen den *Faust* memoriert? Kennen sie Kant oder Fichte? Können sie Einstein verstehen? Nein. Aber sie lieben Dr.-Norden-Romane, Prinzessin-Lillifee-Glitter-Lippenstifte und Maggi-Tütensuppen.

»Banaler Erfolg« und »aufgeschreckter Kulturkritiker« gehören in Deutschland als Dualismus untrennbar zusammen. Die beiden umarmen sich in inniger Verbundenheit. Vulgärerfolge wie Modern Talking beziehen ihre Faszination auch daraus, dass sich ernstzunehmende Instanzen angeekelt von ihnen abwenden. Systemkritiker verdienen ihr Salär damit, dass es hierzulande und überall sonst auch auf der Welt Trashformate gibt, die so unkaputtbar sind wie Küchenschaben nach einem Atomkrieg. Aber sie sind auch so harmlos.

36 *Heidi Klum, Claudia Schiffer: die deutschen Frolleinwunder*

Was Sie über deutsche Tugenden lernen, wenn Sie sich mit den deutschen Blondschöpfen Schiffer und Klum beschäftigen? Viel über zurückhaltende Distinktion (Schiffer) und krachendlaute Fröhlichkeit (Klum) – gepaart mit den typisch deutschen Eigenschaften oder zumindest denen, die das Ausland von uns kennt: Pünktlichkeit, Zuverlässigkeit, Ordnung.

Claudia Schiffer hat einen leichten Überbiss, und Heidi Klum sieht nicht besonders einprägsam aus. (Oder wie es der Designer Joop einmal böse sagte: Sie hat von allem zu viel: Sie ist zu blond, zu üppig, zu gewöhnlich.) Was beide zu Topmodels machte, sind ihre alkoholfreie Zuverlässigkeit, ihre gute Kinderstube, die auch als Topmodel darauf fußt, zu jedem freundlich zu sein, und ihr Psychosystem, das so stabile Grundmauern hat wie ein deutsches Eigenheim. Behütete Kindheit (bei Heidi Klum scheint die Kindheit bis weit in ihr Erwachsenalter zu reichen, denkt man, wenn man einmal Papa Klum bei Interviews erlebt hat), stabile Beziehung, glückliche Familie.

Redet heute noch jemand davon, dass Claudia Schiffer mal mit dem größten Zauberer-Filou David Copperfield zusammen war und Klum mit einem gelockten Friseur, bevor sie sich von Altplayboy Flavio Briatore ein Kind machen ließ wie ein dreizehnjähriges Berlin-Marzahn-Mädchen?

Heidi Klum besitze eine Robustheit, attestiert ihr der einstige *Spiegel*-Kulturchef Matthias Matussek, die tief unter der Haut sitze. »Und nur damit lässt sich ihre Karriere so relativ erschütterungsfrei durchlaufen. Sie ist international, aber nicht entwurzelt, und das ist die Dialektik der Globalisierung: Wo alles auf der Welt gleich wird, werden regionale und kulturelle Distinktionen wichtiger denn je. Heidi Klum hat nicht trotz der Provinzialität gewonnen, sondern wegen ihr. … Frühere Fräuleinwunder versuchen, die Herkunft abzustreifen und auf Augenhöhe mit Hollywood und Paris zu kommen. Bei Heidi Klum ist es umgekehrt – da muss sich Hollywood gewaltig anstrengen, um mit Bergisch Gladbach mithalten zu können«, schreibt Matussek auf *Spiegel-online.*

Die beiden Topmodels Schiffer und Klum zeigen ebenso wie die Tennislegende Steffi Graf, dass vatigefälliger Fleiß weltweit geschätzt wird. Und die Mutter schauet stumm um den ganzen Tisch herum. Alle diese deutschen erfolgreichen Stars – ob im Sport, im Showbizz oder im Modebusiness – haben Drilldaddys und liebevoll langweilige Muttis. Eine Familienaufteilung, wie sie nach dem Zweiten Weltkrieg in Deutschland überall praktiziert wurde – aber nur selten mit überbordendem Erfolg belohnt wurde.

Aber wenn wir Schiffer und Klum schön finden, finden wir auch immer ihre Zucht schön. So schön erzogen. Wie bei einem deutschen Schäferhund.

37 *Harald Schmidt: das lange Elend zu uns selbst*

Doch. Harald Schmidt müssen Sie kennen. Auch wenn er heute nervt. Denn er ist der Satiriker, der in den vergangenen Jahren den Deutschen ihr Einzelkind »Politisch korrekt« entführte und dafür die Bastarde »Ironie« und »Intelligenz« auf die Bühne schubste. Er hat einer ganzen Komikergeneration das Feld bereitet, zum Dank nennen sie ihn heute »Gott«. Er hat die Deutschen von der Schwere der Ernsthaftigkeit befreit, zum Dank finden wir ihn heute noch komisch, selbst wenn er mit solchen Synthetikhirnen wie Oliver Pocher zusammenarbeitete.

Das Prinzip Schmidt lässt sich in einem einzigen Wort beschreiben: Provokation. In den Stationen seiner Karriere, am Nürtinger Gymnasium, am Düsseldorfer Kom(m)ödchen, bei ersten Regionalsendungen beim Westdeutschen Rundfunk, bei seiner großen Samstagabendshow *Verstehen Sie Spaß …?*«, bei seiner ersten Late-Night-Show, seiner zweiten, seiner dritten, seinem erdrückend konsequenten Abgang aus der Fernsehlandschaft – überall führt er die Deutschen vor, wie sie sich foppen lassen bei gleichzeitiger Anbetung des Herrn Schmidt.

Als er noch Gymnasiast im schwäbischen Nürtingen war, hat er einst, so wird heute von seinen Klassenkameraden kolportiert, der Direktorsgattin in ihr Wohnzimmer geköttelt wie ein stuhlinkontinentes Häschen – nur mit mehr Grips.

Überlegen Sie mal: Gibt es eine Handlung, die für einen Oberstufenschüler provokativer ist? Ob die Direktorsgattin bei diesem Procedere anwesend war oder nicht, ist übrigens nicht überliefert.

Als Showmaster der beliebtesten ARD-Show ihrer Zeit *Verstehen Sie Spaß …?* ließ er minutenlang ein Metronom laufen, um anschließend grinsend zu fragen: »Wissen Sie, was das den Gebührenzahler kostet?«

Als Late-Night-Moderator hieß er eine Kollegin willkommen, die er seinem Publikum vorher mit einem Rätsel vorstellte: »Was hat sie mit einer Klobrille gemeinsam? Männer würden sie nicht anfassen!«

Oder, subversiver, giftiger, begrüßte er No-name-Soap-Sternchen mit einer hysterischen Heuchelei: »Du hast ja auch schon wahnsinnig erfolgreich bei GZSZ mitgespielt, bist eine der Aufstrebenden unserer Zunft.« Innerlich muss es ihm entweder die Galle zerhexelt haben – oder das Zwerchfell.

Mit der Zeit hat sich seine Provokation professionelle so verselbständigt, dass er heute auch eine Wassermelone entkernen könnte, und Feuilletonisten würden ihn einen Querdenker unserer Zeit nennen, der sich sozial-ökonomische Gedanken über unsere Gesellschaft macht, indem er eine Melone metaphern-gleich entkernt. Irgendwie ist er zu einer Art Perpetuum mobile satiricum geworden. Ein sich ständig erneuerndes Ironiemaschinchen, das sich selbst am Laufen hält und noch nicht einmal mehr produktiv sein muss – die Leute fühlen sich herrlich intellektuell, wenn sie ihn nur sehen.

Selbst nach den Terroranschlägen des 11. Septembers wusste er die richtige Antwort und ließ das Faxenmachen zwei Wochen bleiben. Er war wie Wittgenstein: »Wovon man nicht reden kann, darüber muss man schweigen.«

Was ist der Mehrwert Schmidt, welche Leistung werden wir ihm einst dankend auf den Grabstein meißeln? Dass er uns Deutsche, prinzengleich, aus dem zentnerschweren Petra-Kelly-Alternativ-Links-Gleichberechtigungsschloss der Achtziger freiküsste. Fortan mussten wir nicht mehr moralinsauer unsere Aluminiumdeckelchen vom Joghurt sammeln. Wir brauchten keine ungebleichten Wollsäcke aus Schafwolle zu tragen, die von makrobiotisch ernährten Schäfern geschoren und abstinent lebenden Gerberinnen verarbeitet wurden. Endlich durften wir wieder frech und unbekümmert sein – und das Ganze noch unter dem Deckmäntelchen der Intellektualität. Eine einmalig erfrischende Katharsis.

Nach dem Krieg mussten wir uns schämen. Für den Ersten und den Zweiten Weltkrieg. In den Sechzigern mussten wir uns für den rigiden Adenauer schämen, in den Siebzigern für den Nato-Doppelbeschluss. In den Achtzigern für Nena und ihre unrasierten Achselhöhlen, und in den Neunzigern kam Schmidt.

Jede einzelne Million, die er im Laufe der Jahre verdiente, ist er wert, hat er uns doch von einem gewaltigen Betroffenheitssuhlen befreit. Das schafften sonst nur Tausende von Psychiatern und Pastoren. Und die wären teurer. Volkswirtschaftlich gesehen. Und auch nicht so amüsant.

38 *Günter Grass, Walter Jens, Heinrich Böll, Günter Wallraff: die Gewissensschreiber*

In Deutschland gibt es eine Gattung Lyrik, die ganz und gar typisch ist – und die nicht nur eine Menge über die Dichter, die ihr angehören, aussagt, sondern auch über uns Deutsche, die diese Bücher verschlingen: die Gutmenschenlyrik. Ihr gehören Geistesgrößen wie Günter Grass oder Walter Jens an, Günter Wallraff oder Heinrich Böll.

Noch bedeutender als ihre schriftstellerische Fähigkeit (und das will etwas heißen, schließlich hat Günter Grass den Literaturnobelpreis gewonnen) ist ihre Geisteshaltung. Die ist es, was die Gutmenschendichter, kurz GMD, auszeichnet. Fangen wir mit Walter Jens an, den großen Rhetorikprofessor aus Tübingen.

Von 1963 bis 1988 hatte er den ersten Lehrstuhl für Rhetorik an der Universität Tübingen inne. Er war Redner im Wort-Sinne, Essayist, Fußballkenner, vor allem aber: Jens verstand sich zeitlebens als Literat *und* Protestant. Als sein Freund und Theologiekollege Hans Küng 1980 die Lehrbefähigung entzogen bekam, war Jens zu keinem Zeitpunkt diplomatisch leise. Laut prangerte er die Ungerechtigkeit an und zeigte Solidarität.

1983 protestierte er – zusammen mit seiner Frau Inge und vielen prominenten Friedensaktivisten (Petra Kelly, Heinrich Böll, Günter Grass, Dietmar Schönherr) – gegen die Pershing-II-Raketen in Mutlangen. 1990 versteckte er während des zweiten Golfkrieges desertierte US-Soldaten.

Das, was in Jens' Werk durchschimmert, egal ob es sich um

Neuübersetzungen aus der Bibel oder eine Selbstverteidigung vor Gericht handelt, ist seine Grundüberzeugung, Leben sei nur mit bedingungslosem Frieden zu meistern. Dass am Ende seines Lebens herauskam, dass er im Dritten Reich Mitglied der NSDAP war, schmälert seinen Ruhm dabei nicht. Viele wurden damals zwangsvermitgliedert. Und selbst *wenn* er freiwillig eingetreten *wäre*, dann, zumindest dann könnte man ihm doch zugestehen: Da hat sich einer in seinen Ansichten grundlegend gewandelt.

Am Ende des Lebens reicht es Jens noch zu einer letzten, großen Lehre, die er den Deutschen schenkt: Er erkrankt an Demenz. Er, der ohne Übertreibung einer der klügsten Köpfe der Republik war, kann sich heute an einem Würstchen von der Fleischtheke erfreuen. Sonst nichts. Es gehört zu der Zivilcourage der Familie Jens (denn zu Walter Jens gehört auch stets die eheliche Solidarität seiner Frau Inge), dass sie den heutigen Jens nicht vor der Öffentlichkeit versteckt, sondern mit ihm eine Diskussion anstößt, die überfällig ist: Wie weit lassen wir nicht mehr leistungsfähige Mitglieder unserer Gesellschaft in unserer Mitte zu? Müssen wir Alte verstecken, nur weil sie nicht mehr lesen, argumentieren, protestieren können?

Es scheint, dass Jens mit seiner Alterserkrankung die größte Haltung zeigt. Und das heißt etwas – bei seinem Leben.

Auch Heinrich Böll, sicher ein großartiger Schriftsteller, ist den Deutschen vor allem durch seine atombombensichere Grundhaltung gegen alles, was sich atomaresk oder, schlimmer, springerig zeigte. Böll hatte eine *Bild*-Phobie.

Böll wurde vor allem durch seine *Verlorene Ehre der Katharina Blum* bekannt, und es wird ihn sicher posthum erfreuen, dass es Männer gibt, die seinen Abscheu gegen das Springer-Boulevardblatt als Aufgabe begreifen. Günter Wallraff, der erst mit einem Neffen Bölls befreundet und zeitweise sogar Bölls Schwiegersohn war, schuf mit seiner Art, die *Bild*-Zeitung zu demaskieren, einen in Deutschland bis dato unbekannten Genrestil: die Ganzkörper-Reportage. Monatelang arbeitete er als vermeintlicher *Bild*-Journalist inmitten einer *Bild*-Außenstelle und veröffentlichte später seine dortigen Erlebnisse. Diese waren – mit aller Vorsicht – nicht besonders spektakulär oder unterschieden sich nur in Nuancen von den Erlebnissen in einer sogenannten seriösen Zeitungsredaktion. Auch die Art, wie er schrieb, war ganz und gar nicht bemerkenswert. Bemerkenswert war die unbedingte subjektive Art, mit der er Reportage verstand: Nur wenn er Teil des Geschehens war, war er in der Lage, von einem Missstand zu berichten. Als fleischlicher Protest gegen das griechische Militärregime kettete er sich 1974 an einen Laternenmast in Athen. Er wurde von der dortigen Polizei gleich an Ort und Stelle gefoltert. Als Türke Ali schuftete er monatelang unter den gleichen erbärmlichen Bedingungen, wie es Zehntausende von Arbeitsmigranten in Deutschland erlebten.

Wollte er über die Ungerechtigkeit bei McDonald's berichten, verwandelte er sich in einen Hackfleischklops und berichtete später, undercover, aus dem Brötchen. Auch wenn seine Texte nicht überfließen vor sprachlicher Raffinesse, seine Entschlossenheit aber, sich auf Missstände einzulassen, und zwar immer mit Haut, Haaren und Seele, ist herrlich anachronistisch – und zeitlos gut.

Günter Grass ist so bedeutend, großartig, fast *lesensverpflichtend*, dass man ihn kennen muss, selbst wenn man ihn doof findet. »Kaum jemand lag mit seinen Analysen so oft und so gründlich daneben, und kaum jemand wird für sein ständiges Danebengreifen so verehrt wie Grass«, schreibt der Publizist Henryk M. Broder, »denn er verkörpert eine wichtige deutsche Tugend: Standhaftigkeit um ihrer selbst willen.« Schwärmt man von Grass, schwärmt man also immer auch von seiner Ritter-Lanzelot-Attitüde. Die Armen, Witwen, Waisen und Willy Brandt: Alle durften unter seinen großen Mantel der Gerechtigkeit kriechen und ein wenig mit dem großen Dichter kuscheln. Aber Dichter? Stimmt das denn überhaupt?

Es fängt schon beim Titel an: Ist er nun Schriftsteller, Dichter, Zeichner, Maler, Mahner?

Vielleicht Letztes am meisten, denn all seine Werke zeichnet die Kraft aus, nicht vergessen zu wollen. Seine Zeichnungen sind so detailreich und kleinteilig, als wolle er jedes Atom an der Materie seiner gezeichneten Gegenstände festhalten. Seine politischen Reden sind so böse, als wolle er den politischen Gegner ein für alle Mal reinschleudern ins Höllentor der Abstinenz. Seine geschriebenen Werke behandeln meist den Nationalsozialismus und dessen Psychogenese. Das Nobelpreis-Komitee begründete die Verleihung des Nobelpreises an Grass, weil er »in munterschwarzen Fabeln das vergessene Gesicht der Geschichte gezeichnet« habe. Selbst Banales, ganz Alltägliches überhöht Grass in die Ewigkeit, indem er sich gerade *keiner* Dramatik bedient, sondern so schlicht bleibt wie möglich. Der erste Satz von *Der Butt* – »Ilsebill salzte nach.« – wurde 2007 von einer Prominentenjury zum schönsten ersten Satz der deutschsprachigen Literatur gewählt. Vor Kafkas: »Als Gregor Samsa eines Morgens aus unruhigen Träumen erwachte, fand er sich in seinem Bett zu einem ungeheueren Ungeziefer verwandelt.« Und vor Siegfried Lenz': »Hamilkar Schaß, mein Großvater, ein Herrchen von, sagen wir mal, einundsiebzig Jahren, hatte sich gerade das Lesen beigebracht, als die Sache losging.« – Ilsebill salzte nach.

Grass war Mitglied der Waffen-SS. Am verwerflichsten an diesem Umstand ist immer noch, dass er jenen bis zum Erscheinen seines jüngsten, nicht verkaufsträchtig befürchteten Buches verschwieg. – Und dann damit posaunen ging. Meine Generation, also die frühen Siebziger, müssen den Schnabel halten, wollten sie irgendwen für irgendwelche politischen Dinge verantwortlich machen in einem Schulbubalter, in dem wir wieder anfingen, mit Monchichi-Puppen zu spielen, weil es *kultig* war. Aber sie darf sich über PR-Werbegedöns aufregen, sie darf lästern über Verkaufsankurbelversuche, die so dilettantisch sind wie ein selbstgebastelter Werbespot von Ronald McDonald. Denn davon verstehen wir, die Glotzen-Generation, etwas.

Natürlich könnte man jetzt noch eine Handvoll anderer GMDs beschreiben: Peter Rühmkorf zum Beispiel oder Peter Handke. Kurt Tucholsky vielleicht oder Siegfried Lenz. Es geht hier nicht um Vollständigkeit. Es geht um das Phänomen: Journalisten, Dichter, Schreiber haben eine Haltung, eine tugendhafte dazu. Und werden nicht müde, die auch in ganz und gar tugendfreien Harald-Schmidt-Zeiten zu vertreten. Auch wenn sie dafür als Friedensheinis abgestempelt werden. Is ja so: Manchmal muss man auch auf die wirklich Großen hinweisen. Auch wenn sie es selbst auch immer wieder gern tun.

39 *Wilhelm Busch, Loriot, Robert Gernhardt, Otto Waalkes, Oliver Pocher, Mario Barth: die Fieberkurve des Humors*

Fieber, sagt man, habe eine heilende Wirkung. Bloß also keine Zäpfchen, sondern das Fieber in seiner lodernden Kraft aushalten.

Geht man davon aus, dass die Deutschen ein humorkrankes Völkchen sind, dann sind seine Humoristen das heilende Fieber. Heilungstechnisch gesehen ist das ein interessanter Casus. Mit Wilhelm Busch und Heinrich Heine haben wir im 19. Jahrhundert eine gewaltige, subversive Hitze im Land. Sie heizt den Strukturen, Gesetzen, Vorstellungen und Über-Ichs ein, als gelte es, sie ein für alle Mal auszurotten. Dieses Fieber, das ist das Besondere an ihm, lodert noch heute fröhlich vor sich hin. Lesen Sie einmal einem Dreijährigen »voller Tücke in die Brücke eine Lücke« vor. Der lacht sich schepp.

Im Dritten Reich war nichts komisch, noch nicht mal der Humor. Der kam erst wieder, als die Deutschen ihren Frieden hatten.

Und dann kam Heinz Erhardt, ein Nachkriegskomiker, der weit bis in die Sechziger, Siebziger das komische Sinnbild des Wiederaufbaudeutschlands wurde. (»Das Menschenleben gleicht der Klobrille. – Man macht viel durch.«) Dick, ein bisschen verschusselt-hektisch und auf die Millisekunde pointensicher vorbereitet: Das machte den Humor von Heinz Erhardt aus. Vor allem aber: Er war harmlos und politisch babypopohaft milde.

In den Siebzigern stieg ein Komiker auf, der einen neuen Humorstil in Deutschland etablierte. Den Blödel-Zitate-Stil. Otto Waalkes war nicht besonders produktiv, er hat nur eine knappe Handvoll Shows im Fernsehen gemacht. (Und einen ebensolche Menge an Filmen, die aber eigentlich alle nur ein schwacher Abglanz seiner vielseitigen Shows waren.) Seine Witze und Texte sind bis heute ein Zitatenschatz für Insider. »English for runaways. Englisch für Fortgeschrittene«, »Kleinhirn an Zunge: zwei Bier bestellen. Eins für den Mann gegenüber und eins für die Leber«, »Harry Hirsch«. Seine Witze sind so kurz und knapp, dass sie eher ein abzugleichender Sprachcode sind, der verschiedene Mitglieder in einem Lachrudel auf einen Nenner bringt. Und wenn Otto auch nicht besonders viel hinterlassen hat, das, was er hinterließ, gereichte einer ganzen Komikergeneration als solides Fundament.

Fortan war der Entertainer auf der Bühne etabliert. Der Medienkritiker, der Frauenlästerer, der Sänger, Tänzer, Blödian. Der in der damaligen Zeit nur einen einzigen wirklichen Humorkonkurrenten hatte, und der war so unerreicht gut, so unfassbar komisch, dass er selbst für Otto Lichtjahre zu toll war. Vicco von Bülow alias Loriot.

Der Mann mit der feinen Beobachtungsgabe, der das genaue Gegenteil vom Blödelbarden Otto war. Wo dieser laute Juxbewegungen und einen typischen Otto-Gang schuf, übte Loriot die kleinen, feinen Bewegungen. Er hat das Deutschland der späten Nachkriegsjahre besser und feiner beobachtet als jeder andere Humorist. Zusammen mit seiner kongenialen Partnerin Evelyn Hamann schuf eine Reihe von Sketchen, die so dicht am deutschen Spießbürger, so deckungsgleich sind, dass sie ganz ohne krachledernen Humor auskommen und deswegen unvergleichlich zeitlos sind. Seine Liebe zu Möpsen (»Ein Leben ohne

Möpse ist möglich. Aber sinnlos«), seine berühmten Knollenmännchen, seine Werbespots, Sketche, Filme, jedes Produkt ist unvergleichlich präzise.

Keiner hat die Deutschen liebevoller durchschaut, keiner hat die bestimmten Stereotype – den schusseligen Ingenieur, die Hausfrau, die mit einem Jodeldiplom gern etwas für sich haben möchte, der lustige Dritte beim Skat, der frühpensionierte Schrecken, die englisch-lispelnde Fernsehansagerin – von allem Überflüssigen entbeint und so pur präsentiert, dass sie in ihrer bloßen Beschreibung funktionieren. Den Geschwüre sezierenden Loriot verstehen heißt das Beobachten lernen. Wer einmal einen seiner Sketche fünfmal hintereinander sah und fünfmal hintereinander etwas Neues entdeckte, wird niemals mehr gelangweilt nach Clausthal-Zellerfeld oder Nürtingen oder Bernau reisen. Immer wird er an den Mitreisenden im Abteil genug Loriothaftes entdecken, dass für Unterhaltung gesorgt ist.

Robert Gernhardt in diese Reihe einzuordnen ist gerecht und unfair zugleich. Unfair, weil sich alle Scherzkekse oder die sich dafür halten auf ihn stürzen würden, nennt man ihn in einem Atemzug mit Otto. Gerecht, weil Gernhardt der größte Komiker, Zeichner, Humorist, Spötter und Eulenspiegel unserer Zeit war. Ich behaupte sogar, er war größer als Busch, vielseitiger als Lichtenberg, eleganter als Heine.

Der Mördermarder hockt vorm Bau,
der Marder ist vor Angst ganz blau.

Er weiß, dass ihm vor seinem Tod
die Qual der Mardermarter droht,

wenn er nicht kurz entschlossen handelt,
sich kühn zum Martermarder wandelt

und marternd dem entgegenspringt,
der mordend in sein Reich eindringt.

(aus: Robert Gernhardt, *Wörtersee*)

Nein, ein typischer Deutscher war Gernhardt nicht. Dazu war er zu entspannt. Und trotzdem gehört er hier hinein. Strenggenommen: Er gehört überall hinein, wo deutsche Dichter gelobt, gehuldigt, verehrt werden. Gernhardt war einer der größten. Selbst in allergrößter Eigenpein, fiel ihm noch ein Verslein ein. Hier zu seiner Chemotherapie (aus: *Später Spagat*):

»Geh aus mein Herz und suche Leid,
in dieser lieben Sommerszeit
an deines Gottes Gaben.
Schau an der schönen Gifte Zier
und siehe wie sie hier und mir
sich aufgereihet haben.

Die Bäume stehen voller Laub.
Noch bin ich Fleisch, wann werd' ich Staub?
Ein Bett meine Bleibe.
Oxaliplatin Navoban,
die schauen mich erwartend an:
Dem rücken wir zu Leibe.

(…)

Ich selber möchte nichts als ruhn.
Des großen Gottes großes Tun
ist für mich schlicht Getue.
Ich schweige still, wo alles singt
und lasse ihn, da Zorn nichts bringt,
nun meinerseits in Ruhe.

Er genoss das Genießen, liebte die Toskana und war überhaupt so, wie mindestens vier Fünftel aller Latein- und Sportlehrer gerne wären. Und die ganze SPD-Fraktion sowieso. Gebildet und witzig. Stil*voll* und moralisch. Anerkannt und erotisch.

Kann man etwas über Deutschland lernen, wenn man Robert Gernhardt liest? Doch, schon. Es gibt nämlich hierzulande nicht nur den Gartenzwergfreund, es gibt auch den Gartenzwergfreundspötter. Und diese Eigenschaft, sich immer auch ein bisschen über sich selbst lustig zu machen, die, mit allem Verlaub, haben wir Deutschen ganz gut drauf.

Heute gibt es eine junge Generation von Komikern, die ihren Ursprung vor allem mit Stefan Raab feierte. Das Herausragende an ihnen ist: Es gibt nichts Herausragendes mehr. Mario Barth, Oliver Pocher, Atze Schröder. Unverblümt stellen sie sich auf die Bühne und fangen einfach mal an. Sie lästern, spotten, klamauken, was das Zeug hält und – vielleicht sind sie für die deutschen Michel das bessere Fieber als die Humorperfektionisten Loriot und Gernhardt. Weil sie innerhalb von zwei Werbepausen zeigen, dass man mit wenig Fundament viel bauen kann. Humor ist keine Olympiadisziplin mehr, sondern Jedermannsport.

40 *Johann Gottfried Herder, Johann Gottlieb Fichte, Georg Christoph Lichtenberg, Walther Rathenau: die bekannten Verkannten*

Die Deutschen lieben Kategorisierungen. Ihre Promis unterteilen sie in Kategorien wie A-B-C-Promis (zum Beispiel A: Boris-Becker, B: Oliver Kahn, C: Tatjana Gsell), wobei sich die Kategorisierung nicht am Grad ihrer vollbrachten Leistung misst (Tennis spielen, Fußball, Brustvergrößerung), sondern an der Häufigkeit, mit der sie in der *Bunten* erscheinen. Wer häufig auf einer Aids-Gala Shrimpschwänzchen lutscht, rutscht automatisch in die Wichtigklasse auf. Wer sich dem entzieht – wird entehrt.

So ähnlich gehen wir Deutschen auch mit einer Reihe von historischen Geistesgrößen um, die wir höchstens noch dem Namen nach kennen, aber die Sie, wenn Sie wissen möchten, wer Deutschland so prägte, dass es zu dem wurde, was es heute ist (liberal, humorvoll und, jawohl: gebildet – wenigstens zum Teil), kennen sollten. Wenigstens ein bisschen. Johann Gottfried Herder, Johann Gottlieb Fichte, Georg Christoph Lichtenberg, Friedrich Hölderlin, Walther Rathenau: die bekannten Verkannten.

Alle diese Leute schaffen es höchstens auf einen der hinteren Ränge der ZDF-Kerner-Sendung *Unsere Besten* – aber das sagt auch nur aus, nach welchen Kriterien wir Deutsche uns wichtig finden.

Spektakulär müssen deutsche Helden sein, witzig und gutmenschig so wie:

1. Konrad Adenauer, Politiker/Bundeskanzler (1876–1967)
2. Martin Luther, Kirchenreformator (1483–1546)
3. Karl Marx, Philosoph und Nationalökonom (1818–1883)
4. Sophie und Hans Scholl, Widerstandskämpfer (»Weiße Rose«) (1921/1918–1943)
5. Willy Brandt, Politiker/Bundeskanzler (1913–1992)
6. Johann Sebastian Bach, Komponist (1685–1750)
7. Johann Wolfgang von Goethe, Dichter und Schriftsteller (1749–1832)
8. Johannes Gutenberg, Erfinder des Buchdrucks (1400–1468)
9. Otto von Bismarck, Politiker/Reichskanzler (1815–1898)
10. Albert Einstein, Naturwissenschaftler/Physiker (1879–1955)

(Sendung am 28. November 2003)

Aber Johann Gottfried Herder war eben nur *ein bisschen* spektakulär, Freimaurerbund, Hobbyilluminat und in Dauerfehde mit Goethe. Wieland, Schiller, Goethe, Herder – das war früher das klassische Viergestirn der Weimarer Kulturphilosophie. Heute sind Goethe und Schiller übriggeblieben. Herder besang in Gedichten früh seinen toten Bruder, hatte ein schlechtes Verhältnis zu seinen Eltern, wollte, aber konnte nicht Chirurg werden – es lohnt sich, sich mit seiner Biographie zu beschäftigen, weil sie das Deutschland des 18. Jahrhunderts zeigt: ruppig, streng und kein bisschen individuell. Es verwundert also nicht, dass ausgerechnet aus diesem Milieu die Romantik hervorging, das weltweit einsame Gefühl, die Suche nach der blauen Blume, das Verzehren nach dem Verzehren – und heute vielleicht die hohen Einschaltquoten von Rosamunde-Pilcher-Filmen. Die Deutschen arbeiten hart und wollen dafür permanent Anerkennung. Weil sie die nicht bekommen, werden sie quengelig, sehnsuchtsvoll, kitschig.

Der Dichter Friedrich Hölderlin kannte dieses Gefühl besser als die meisten seiner Kollegen. Er kannte die Deutschen besser als Goethe. Behaupte ich mal. Goethe war zu groß, zu erfolgreich, einfach zu Goethe, um sich um die Seelenpein seiner Nation Gedanken zu machen. Goethe war genial, Hölderlin pein-voll.

»Ich kann kein Volk mir denken, das zerrissner wäre, wie die Deutschen. Handwerker siehst du, aber keine Menschen, Denker, aber keine Menschen, Priester, aber keine Menschen, Herrn und Knechte, Jungen und gesetzte Leute, aber keine Menschen – ist das nicht, wie ein Schlachtfeld, wo Hände und Arme und alle Glieder zerstückelt untereinander liegen, indessen das vergossne Lebensblut im Sande zerrinnt?« (Hyperion an Bellarmin)

Um die Deutschen und ihre kranken Seiten kennenzulernen, muss man Hölderlin lesen, den Verkannten. Um die Kraft der Deutschen ahnen zu lernen, muss man Hölderlin lesen, den Kranken. Den vermeintlich Kranken (siehe Seite 46). Mit krank meine ich weder körperlich noch geistig. Hölderlin war ein vor Kraft strotzender Mann, der erst spät im Alter gebrechlich wurde. Und auch seine angebliche Umnachtung schreiben manche Literaturwissenschaftler nur einem geschickten Schachzug zu, um nicht in die Fänge der Rächer der Französischen Revolution zu gelangen. Hölderlin kannte das Seelenkränkelnde der Deutschen, und linder als ein Engel fing er in seinen Gedichten die Sucht nach dem Trost auf. Lesen Sie das Schicksalslied des Hyperion, leise für sich, noch einmal, noch einmal. Es zeigt, wie zärtlich jemand mit der deutschen Sprache umgehen kann – wenn er es kann!

Hyperions Schicksalslied

Ihr wandelt droben im Licht
Auf weichem Boden, selige Genien!
Glänzende Götterlüfte
Rühren Euch leicht,
Wie die Finger der Künstlerin
Heilige Saiten.

Schicksallos, wie der schlafende
Säugling, atmen die Himmlischen;
Keusch bewahrt
in bescheidener Knospe,
Blühet ewig
Ihnen der Geist,
Und die seligen Augen
Blicken in stiller
Ewiger Klarheit.
(…)

Der Gegenentwurf zu Hölderlin ist Georg Christoph Lichtenberg. 1742 in Ober-Ramstadt bei Darmstadt geboren, deutscher Schriftsteller und Professor für Experimentalphysik. Vor allem war er aber Begründer des geistreichen Kalenderspruches. Nein, ich meine jetzt nicht die heute in jedem Bezirksamt hängenden Glückskeks-Witze (»Allbeite flöhlich ohne Mullen und Knullen«, »Immer schön mit der Ruhe, wir sind hier nicht auf der Flucht«), sondern die klugen, weisen, aufhebenswerten. Etwa: »Der Amerikaner, der den Kolumbus entdeckte, machte eine böse Entdeckung.«

Lichtenbergs *Sudelbücher* sind zwar auch von einem hohen Empfindungsgrad für Ungerechtigkeit geprägt, sie sind aber in ihrer Form sarkastisch, gemein und Vorreiter für spätere Lästermäuler wie Wilhelm Busch, Robert Gernhardt, Harald Schmidt. Wer Lichtenberg liest, versteht, wie tief das Verlangen mancher Deutscher ist zu lästern, kritisieren, spötteln – und dabei wachsam zu bleiben. Wir Deutschen sind nicht nur *Untertanen* (siehe Seite 47) oder Befehlsausführer. Ein Teil der deutschen Identität entstammt dem Wunsch nach Revolution, Widerstand, Freiheit. Vier der zehn »wichtigsten« Kerner-Deutschen haben sich durch borstigen Widerstand ein Denkmal gesetzt: Luther, Marx, die Scholl-Geschwister und ein bisschen auch Brandt.

»Nichts kann mehr zu einer Seelenruhe beitragen, als wenn man gar keine Meinung hat.« (Lichtenberg)

Warum soll man all die Verkannten lesen, die Lichtenbergs, Schellings, Fichtes? Wenn doch selbst wir Deutschen sie kaum kennen? Weil wir ihr Wissen in uns tragen, versteckt, winzig, unscheinbar, aber ihr Erbe lebt irgendwo in uns weiter. Wollen *Sie* nun wissen, wie wir wurden, was wir sind: Lesen Sie nicht nur die Muss-man-kennen-Genies. Lernen Sie die leisen Helden unserer Kultur kennen und ihr mitunter lautes Leben. Es ist das probateste Mittel, sich *nicht* an einem deutschen Allgemeinplätzchen zu verschlucken. Und … – beherzigen Sie Lichtenberg: »Alle Menschen schieben auf und bereuen den Aufschub.«

41 *Die Gebrüder Grimm oder: Deutschland. Ein Märchenwinter*

Seit ich Kinder habe, lerne ich Deutschland neu kennen. Aus der Froschperspektive sozusagen. Die Märchen, Sagen, Geschichten und Fabeln, die sich über Jahrhunderte und Jahrzehnte am meisten in einem Land verkaufen, sind das erste kulturelle Impfgift, mit denen Kleinmenschen behandelt werden. Und so ist es sinnvoll, sich einmal die Bambino-Bestseller anzusehen – und ausnahmsweise auch mal auf die Nachbarauslagen zu schielen.

Die Skandinavier brauchen nur einmal müde aufzuschauen und »Lindgren« zu murmeln. Die Weltautorin hat ihre Geschichten mit einem durchgängigen Phänomen versehen: Ihre Helden, egal ob Junge oder Mädchen, strotzen vor Selbstbewusstsein. Das ist gerade für die Zeit, in der sie verfasst wurden (vor knapp achtzig Jahren), und die Situation, in der Lindgren lebte (als alleinerziehende Mutter), außergewöhnlich. Pippi Langstrumpf kann nicht rechnen, Karlsson ist ein hässliches Dickerchen, Michel hat dreimal pro Woche Stubenarrest. Und selbst der Bruder Löwenherz ist todkrank und aus heutiger Sicht eher ein Fall für die Sozialhilfe: Alle tragen die wunderbare Gewissheit »so wie ich bin, bin ich richtig« in sich. Und so bekommen Kinder mit diesen Büchern wenigstens lesend eine gewaltige Portion Selbstvertrauen mit auf den Weg.

Amerikanische Klassiker leben stark von einer visuellen Kraft. Natürlich ist Walt Disney entscheidend an diesem Phänomen beteiligt. Aber auch unbekanntere Bücher wie *Die Nachtküche* oder, modern, *Wo die wilden Kerle wohnen* leben von einer ungewöhnlich ansprechenden Visualisierung. Die

Kinderliteratur aus den Vereinigten Staaten ist satt, pompös und geschmeidig ansprechend gezeichnet. So als ob die Miniamis schon früh auf ihr später wichtigstes Reizempfangswerkzeug trainiert werden.

Frankreich und England mit seinen Kinderklassikern *Babar* und *Alice im Wunderland* heben sich durch besonders phantasiereiche Geschichten hervor. Bei *Babar* wird aus der Welt der Erwachsenen einfach die Luft herausgelassen, so lange, bis auch Kinder mit ihr spielen können. Bei *Alice* geht man konsequent gleich den dadaistischen Weg: Erwachsen wirst du noch früh genug. Jetzt spiele erst einmal Phantasie. *Harry Potter* ist nur eine Ansammlung von *Weltphantasietopoi* – und funktioniert deshalb auch so gut bei Erwachsenen.

Und Deutschland? Ist mal wieder das Land der Moral. Es fällt auf, dass die bedeutenden Kinderkulturträger immer, immer, immer noch ein Häppchen Moral mitliefern. So wie die besorgte Mutter, die darauf besteht, dreimal am Tag Lebertran zu löffeln – schmeckt nicht, aber hilft –, so bestehen die Deutschen darauf, noch ein wenig bittere Lebensschule zu verteilen.

Schauen Sie sich mal die Märchen der Gebrüder Grimm an: überall Moral. Rotkäppchen darf nicht vom Wege abkommen. Die sieben Geißlein haben dem Wolf die Türe aufgemacht, die Frau vom Fischer hat sich zu viel gewünscht, und das Mädchen im Märchen *König Drosselbart,* oh, Sakrileg, hat nur den Fehler gemacht, bei der Männerwahl zu wählerisch zu sein.

Gründlich, wie wir Deutschen sind, haben wir sogar angefangen, die Märchen psychoanalytisch zu deuten. Der Theologe Eugen Drewermann hat zu fast jedem Märchen eine tiefenpsychologische Abhandlung geschrieben. Sie sind auf jeden Fall eine hochinteressante, mitunter auch erzkomische Ergänzung zu den Hausmärchen. Eine Moral der Moral. Grandios.

Deutschland: eine Moralschmiede. Sie meinen, das liege an der Zeit, in der die Märchen verfasst wurden? Och nö. *Der Räuber Hotzenplotz* lehrt, dass man keine Kaffeemühlen klauen darf, *Momo* erklärt, dass die Zeit das heiligste Gut ist. *Der kleine Wassermann* erfährt, dass man nicht mit trockenen Füßen an Land darf, weil man sich sonst erkältet. Emil wird beklaut, weil er im Zug nicht auf sein Geld aufpasst.

Auch für die ganz Kleinen gibt es Benimmbücher, die eigentlich nichts anderes als der *Struwwelpeter* in modern sind. *Conny* heißt eine solche beliebte Kleinkinderbuchserie (oder eher für Jungs: *Bobo Siebenschläfer*) Diese Bücher haben nur ein Thema zum Inhalt: den Alltag. Conny geht zum Zahnarzt, Conny wäscht ab, Conny geht in den Kindergarten. Wahrscheinlich sind die Folgen »Conny entdeckt einen Maulwurfshügel«, »Conny ist langweilig« und »Conny lässt einen Pups« gerade in Arbeit.

»Aber das ist doch genau das, was die Kinder wollen«, rufen entsetzt Millionen von pädagogisch gedrillten Muttis und lecken sich unauffällig die Finger von Demeter-Apfelschorle sauber. Uff. Was soll man dazu sagen? Kinder lieben immer das, was ihnen vertraut vorkommt, da sind sie ganz Spießer. Aber wenn man ihnen als Lektüre das Leben – langweilig und strukturiert, wie es ist – vorlegt, dann kommen langweilige, strukturierte Erwachsene hervor. Die einmal im Jahr nach Malle reisen, im Restaurant immer Schweinemedaillons mit Kroketten bestellen und eine Risikolebensversicherung für eine sinnvollere Erfindung halten als ein Trampolin. Uffuff.

Zum Glück gibt es zu jedem Trend einen Gegendtrend – und der hat in Deutschland mit Cornelia Funkes *Tintenherz* sicher seine niveauvollste Vertreterin gefunden. Auch *Der kleine Maulwurf*, der sich empört auf die Reise macht, um zu erkunden, wer ihm auf den Kopf gemacht hat, gibt Anlass zur Hoffnung.

Was für Deutsche wichtig ist

42 *Reihenendhausverhübschungsideen*

Der aktuelle Einrichtungsstil der Deutschen ist eine Stilmischung aus Ludwig Mies van der Rohe und Tine Wittler.

Mies van der Rohe, in den dreißiger Jahren Direktor des Bauhauses in Dessau, trug mit seiner »Weniger ist mehr«-Philosophie entscheidend dazu bei, dass es bei uns heute nicht aussieht, wie bei einer sammelwütigen süditalienischen Witwe im Wohnzimmer. Seine Möbel, Weißenhof-Freischwinger, seine Bauten, Farnsworth House, und sein Grundsatz – »Ich habe nichts gegen schiefe Winkel oder Kurven, wenn sie gut gemacht sind. Bis jetzt habe ich noch niemanden gesehen, der sie wirklich beherrschte.« – haben den röhrenden Hirsch über dem Sofa, das Gardasee-Puzzle an der Wand und den Rotweinfleck im Cordsofa abgelöst – und überlebt.

Tine Wittler dagegen hat nichts gegen schiefe Winkel und Kurven, und es bleibt fraglich, ob Mies van der Rohe überhaupt jemals eine Rolle in ihrem Leben gespielt hat. Sie nennt Männer gern Horst und schreibt lustige Frauenunterhaltungsbücher, in denen Horst der Depp ist und die Heldinnen emanzipiert sind.

Tine Wittler ist »Einrichtungsexpertin bei RTL«, und seitdem fährt sie ihren *Einsatz in vier Wänden*. Das Prinzip der Sendung sieht so aus: Lieblos eingerichtete Familie, gern auch mit Hang zum Messie, Etagenwohnung, Gilbtapete, schweres Sofa und ein PVC-Belag, der jeden Atomkrieg überlebt, schickt einen »Hilferuf an RTL«. Weib Wittler walzt an. Weil sie ein bisschen schwergewichtig ist, steckt sie in einer orange-pinkfarbenen Tunika, um dem Zuschauer zu beweisen: »Sehr her, ich bin dick und stehe dazu. Die Deutschen richten sich so geschmacklos ein, da muss man einfach zur Frustesserin werden.«

Weißblonde Pagen-Pony-Frisur, gelbe Handtasche und ein tausendfach überdimensioniertes Bonbonpapier als Kleid – die beste Visitenkarte für einen guten Stil gibt Frau Wittler fürwahr nicht ab, aber wenn sie im Wohnzimmer der Kandidaten steht, erkennt man sie wenigstens sofort zwischen Benjaminbusch und Stereoturm. Frau Wittler steht also da, schlägt die Hände überm Kopf zusammen und ruft: »Ich seh schon, da gibt es eine Menge zu tun.« Dann klatscht sie abermals in ihre adipösen Hände, und ein paar grobschlächtige Jünglinge erscheinen, hauen beige-braun-grau raus und bauen gelb-orange-pink ein. Bei Männern wird in mokka-creme gestaltet. Schließlich kommt Tine Nimmzwei und stellt ein paar neckische Duftkerzen auf – wahlweise eine Schale mit Dekosand oder einen frischen Obstkorb. Fertig ist der *Einsatz in vier Wänden*.

Die Deutschen haben ausgeröhrt. Dafür sind sie zu emsigen Ikea-Käufern geworden. Es gibt etliche, die sich das schwedische Möbelhaus so zu ihrer zweiten Heimat gemacht haben, dass dort ein Frühstück mit Freundinnen obligatorisch ist und die lieben Kleinen mitunter schon morgens im Spielparadies abgegeben werden, damit Mutti noch schnell zum Frisör gehen kann.

Nach dem Krieg wohnten die Deutschen zweckmäßig und wie in einer Head-&-Shoulders-Shampoo-Flasche: Alles musste two-in-one sein: Der Stereokoffer war auch ein Servierwagen, der Klapptisch war als Bügelbrett umzufunktionieren, und das

Gästebett ließ sich tagsüber platzsparend hochklappen und in einem Kleiderschrank verstecken. Es galt, die Republik neu aufzubauen, und weil das Geld und der Wohnraum knapp waren, waren die Wohnideen umso pfiffiger. Es dominierte schwerer Plüsch, so als wollte man mit übergroßer Gemütlichkeit und Naivität eine Kuscheldecke über die Schuld der letzten Jahre werfen.

In den Sechzigern zollten wir dann schon der großen Welt unsern Tribut. Capri, Italien, Spanien: Die Einrichtung wurde grafischer (Tapetenmuster, Nierentische, Eckschrankformen), die Farben wurden bunter (zitronengelb-grau, orange, braun), das Schwere-Plüschige schwand, drogenähnliche Muster und Farben läuteten die wilden Siebziger ein. Es war die Dekade der Barhocker, der Schwimmbäder und des Gummibaumes – je nach finanzieller Potenz.

In den achtziger Jahren kam erstmals Ikea auf: Seitdem bauen wir mit Mini-Inbus und Kurznägeln unsere Billys zusammen, als gälte es, wenigstens mit dem Bestand der Bücherregale zu beweisen: Wir sind das Volk der Dichter und Denker.

Zehn Jahre später schwappte die Asienwelle durch: Jeder musste plötzlich auf einem Knäckebrot, pardon: Futon nächtigen, Stellwände in schwarz-rot galten als schick, und auch die seitdem wieder sehr trendige Orchidee wurde zum »Gestaltungselement«.

Heute dagegen rufen wir die Supernanny, wenn unsere Kinder verzogen sind, pilgern zu Tim Mälzer, wenn wir die Zutaten für Rührei vergessen haben – und rufen Tine Wittler, wenn wir ein neues Schlafzimmer brauchen, weil der Nachbar just auch ein neues bekommen hat.

Das oft zitierte mangelnde Selbstbewusstsein der Deutschen äußert sich auch darin, dass sie sich ohne Expertenrat nicht mehr trauen, ihr Badezimmer pink zu streichen, weil sie Angst haben, in solchen Farbwelten frigide zu werden. Oder phobisch.

Die Möbelhäuser reagieren auf die neue Kaufwut mit »Wohnwelten«, in denen sie den Kunden »Ideen« statt einzelner Produkte anbieten: Es wird nicht mehr ein Bett verkauft oder ein Schrank, sondern ein »Schlafzimmer Toscana«, komplett. Mit Rohr-Wäschebox, altrosa Rosenbettwäsche und dazu passenden Vorhängen. Nicht nur beim Kochen geht der Trend zu Fertigprodukten. Die Folge: Man muss immer weniger selbst kreativ *werden* (obwohl es alle *sein* wollen), man muss nicht mehr überlegen: Wie streiche ich Großmutters Eckschränkchen so, dass es zu meinen Kiefernholzmöbeln passt?

Und irgendwie sehen deswegen alle Wohnzimmer gleich aus. An den Wänden grafische Fotobilder, gerne großformatige Steine am Strand oder eine Dünenlandschaft. Dunkler Parkettfußboden (»sieht wertig aus«, argumentiert der Gatte), Holztisch (»hält ewig, kann man abziehen, schon wegen der Kinder«, argumentiert die Gattin), Lamellenvorhang (in Wirklichkeit denken beide, Mann und Frau: an die Nachbarn). Oh Mann, in fünfzig Jahren werden unsere Kinder sagen: Mama, wenn du wenigstens diese Spießlamellen abnehmen würdest.

Es gibt aber immer noch Einrichtungssünden, die nicht saisonal, aber flächendeckend typisch deutsch sind. Der Wintergarten ist so ein Beispiel, gern mit angeklebter Sprossenfensteroptik. Damit in das Reihenendhaus wenigstens ein bisschen Landhausflair kommt.

Diese Wintergärten kann man als Bausatz im Baumarkt erstehen, 999 Euro, serienmäßig dabei: die Dachschräge. Das Komische ist: Man kauft ein Serienprodukt und wähnt sich als Individualist. Der Wintergarten ist uns Deutschen ein Synonym für Natur, aber ohne so eklige Sachen wie Spinnen und Regen und Staub und Dreck. Er ist so aseptisch wie Pflanzgranulat, so unnatürlich wie Pinguinkotdünger, allein der Glaube an das Natürliche lässt uns 999 Euro für Sprossenfensterromantik ausgeben.

Auch die Badezimmerverschönerungsfliese ist ein sehr deutsches Phänomen. Gern als rundumlaufende Bordüre, gern von Designern entworfen, so als entschädige eine Scheußlichkeit von Joop des Betrachters Auge oder Hirn.

Man kachelt das Bad also weiß und bordürt ein lila-silbernes Band drum herum. Die Handtücher, Pflanzenuntersetzer und Zahnputzgläser: ebenfalls lila.

Und last but not least. Die Vorliebe der Deutschen für originelles Wohnen, ach, die ist wohl stilprägendes Erkennungszeichen für alle Besucher: Sei es durch selbstgebackene Salzteig-Namensschilder »Hier wohnen Christian, Meike, Linus und Sophie-Klara« oder durch Fensterbildverschönerungshässlichkeiten an den Küchenfenstern. Sei es durch asymmetrische Sofas oder – noch schlimmer – dreieckige, viereckige und verschieden dekorierte Halogenstrahler an der Decke. Ach, und die Dutzende Dekohasen, Zierfrösche und Gute-Laune-Engel, die in deutschen Vorgarten-Blumenkübeln ihr Dasein fristen.

Man wünscht sich, ganz heimlich, die Zeit der Hirsche manchmal zurück, denn so hässlich die auch waren: Hatte man sich an diesen Anblick erst einmal gewöhnt, blieb dieser Schrecken auch jahrzehntelang. Das Hirsch-Plüsch-Eiche-rustikal-Deutschland war also irgendwie wenigstens noch umweltfreundlich. Und viel hübscher sind manch gestaltete Wohnwelten heute auch nicht.

Nein, Tine, widersprich nicht!

43 *Traditionsfeste: Weihnachten, Ostern, Schützenfest, Kirmes, Karneval*

Mit den Festen ist es in Deutschland so eine Sache: Einerseits sind wir sehr rational, areligiös, durchdacht, schimpfen auf den Stress vieler Familienfeste wie Weihnachten, Ostern, die ganzen Verwandten, das Essen, ach, und Tante Friedel nervt so …

Andererseits, wehe, man nehme den Deutschen den obligatorischen Nikolausstiefel weg oder das Bummeln über den Weihnachtsmarkt, das Herzlich-willkommen-Häschen im Vorgarten zu Ostern. Das, was wirklich Mühe macht: Dekorationsquatsch besorgen, Etiketten entfernen, aufstellen und hinterher wieder wegräumen oder gar gleich entsorgen – das wollen wir uns auf keinen Fall nehmen lassen. Und so können wir zwar nicht »Es kommt ein Schiff geladen« intonieren, aber wehe dem Mann/Freund/Partner/Ehemann, der vergisst, den Tchibo-Adventskalender zu kaufen.

Zwar kochen wir zu Weihnachten keinen Karpfen mehr (oder zumindest signifikant weniger als früher), aber zunehmen tun wir über die Feiertage trotzdem. Zwar stöhnen wir drei Tage vor den Festen »Ach, und dann zu Hause …«, aber auch die Miesepetrigsten schauen bei den Eltern kurz vorbei und freuen sich über neue Frotteehandtücher, Radlerfunktionswäsche oder einen neuen Bildband. Gleichzeitig verschenken sie Designtopfuntersetzer, Filzschlüsselanhänger oder Media-Markt-Gutscheine.

Auge um Auge, Müll um Müll, so viel Christentum darf es schon sein.

Als Ausrede werden die Kinderlein kommet herangezogen, die lieben Kleinen, will man ihnen den Brauch nehmen? In Wirklichkeit sind gerade die Jüngsten von den unkontrollierbaren Reiztagen so erschüttert, dass man ihnen am meisten entgegenkäme, würde man sie nicht mit Playstations, Videogames oder Lego Zauberland zuwerfen. Da wir bei den Feiern aber immer unsere eigenen Sehnsüchte feiern und dabei putzig paradox uns äußerlich davon distanzieren, müssen Kinder viele Geschenke kriegen, müssen Billig-Glühwein-Reportagen auf Sat.1 laufen, müssen Pharmakonzerne nach den Feiertagen die Ausfuhr von Entwässerungsdragees erhöhen.

Was das *wichtigste* Fest in Deutschland ist? Sicherlich Weihnachten. Der Kirchgang gehört dazu, das gute Essen, die Geschenke und der Familienkrieg. Man hockt zu dicht zu lang aufeinander und kann vor lauter Verdauung seine Knochen nicht mehr bewegen. Wer schlau ist, besucht sich am zweiten Weihnachtstag, da drängt es alle an die frische Luft. Im Süden wird christliches Gedankengut hochgehalten, der Christmettenbesuch ist mindestens so wichtig wie das Labsal. Im Norden ist die In-den-Süden-Reisen-Quote deutlich höher, wie die Reisebüros bestätigen. Vor allem Berlin, Köln und Hamburg bucht südlich und warm. Je urbaner, singlelastiger und weniger traditionell ein Ort, desto reisefreudiger seine Bewohner. Die wirklich allergrößte Mehrheit aber setzt sich dem Stress aus, dem sie noch im November entfliehen wollten. Und vielleicht ist das auch das Typische an Weihnachten in Deutschland: sich kindlich freuen wie die Italiener, verfressen schlemmen wie die Franzosen, gemütlich feiern wie die Engländer – das tun wir Deutsche nicht. Vielleicht liegt das an unserm emsigen Gen, das uns irgendwie verbietet, drei Tage faul zu sein. Vielleicht an unserer Schizophrenie.

Das *schönste* Fest in Deutschland? Ostern. Es fängt an zu blühen und zu grünen, kleine Kinder bücken sich nach bunten Eiern, und die Möglichkeit, das Fest mit individuellen Ritualen aufzupolstern, ist groß: Die einen fahren in die Alpen zum Skifahren, die anderen bemalen traditionell Eier, die Dritten veranstalten einen großen Brunch, die Vierten pilgern auf Hape Kerkelings Spuren den Jakobsweg entlang. Auch hier: vier Tage frei, aber komisch: Zu Ostern meckern wir nicht über die Familientraditionen, die uns zu erdrücken suchen. Da wir immer mehr Wert auf Grillfeste legen, die Salate komplizierter werden, die Grills teurer und das Fleischsortiment reichhaltiger, sind die Möglichkeiten, sich *tätig zu ertragen,* vielfältiger als zu Weihnachten.

Welches Fest sagt aber am meisten über die Deutschen aus? Helau: Karneval. Wer einmal den Februar in Köln verbrachte und vom Leben sedierte Sparkassenabteilungsleiter sah, die sich als Biene Maja verkleideten, und an Weiberfastnacht dickbusige Vorstadtgattinnen beobachtete, die ein Rathaus stürmten, um dem Bürgermeister eine Uli-Stein-Krawatte abzuschneiden – der wendet sich entweder angeekelt ab oder findet solch ein tradiertes Außer-Kontrolle-Sein samt Kollektivbesäufnis und Straßengrölen ganz nett anzusehen. Die Kostüme ähneln sich: Hase, Engel, Pumuckl, es kommt nicht so sehr auf das *Verkleiden* an, sondern es geht eher um das *Verkleidetsein* und damit die Möglichkeit, einmal enthemmt sich treiben lassen zu dürfen. Gäbe man uns Deutschen die Möglichkeit, unser Gesicht an Fasching auszuradieren, so dass man uns nicht erkennt, viele würden es machen, statt in Ganzkörper-Bibo-Kostümen Kölsch zu ordern.

Überhaupt der Alkohol. Gehört für uns Deutsche dazu, unbedingt: Oktoberfest, Karneval, Schützenfest: Zwischen Leber und Milz passt immer ein Pils. Und dabei ist es nicht wichtig, besoffen zu sein, sondern – auch hier einmal loslassen zu dürfen. Einmal zwanglos sein dürfen, wenn auch nur an festgeschriebenen Orten und Zeiten. Das ist für uns Deutsche die Verkörperung von Bier. In einer der erfolgreichsten Werbekampagnen für Bier der letzten Jahre lässt sich ein Mittvierziger im Trenchcoat mit offenen Armen rücklings in eine Düne fallen. »Keine Termine, kein Stress, kein Telefon« tönt es dazu verheißungsvoll aus dem Off, und genau das machte die Kampagne so erfolgreich. Los-lassen.

Alles Übrige, das Verkleiden beim Fasching, der Sport beim Schützenfest, ach: Nebensache.

Seit einigen Jahren gibt es reglementierte Sozialfeste auch für junge Leute: Die Love Parades oder die zahlreichen Christopher-Street-Days (CSD) in den Großstädten sind genauso streng wie der Tanz in den Mai auf der Schwäbischen Alb, nur dass Dress- und Benimm-Code schriller – aber nicht weniger spießig – sind. Probe: Versuchen Sie es mal mit einem Trachtenkleid auf einem CSD – nicht nur Schwule und Lesben werden Sie herzhaft auslachen. Wer ohne Sozial-Code feiern will, hat's schwer, weil ihm die gesellschaftliche Legitimation fehlt. Für die Schwulenfeste heißt das: Marianne Rosenberg gut finden, hoch sprechen, tief ausgeschnittene Kleidung tragen und: die Bräunungscreme nicht vergessen. CSD sind der Karneval der kosmopolitischen, aber heimatfreien Großstädter, die Verbundenheit suchen, aber Tradition verabscheuen.

Es sind die Regeln, nicht die Traditionen, die die Feste stützen: Nicht das ist wichtig, was immer schon so gemacht wurde, sondern das, worauf sich alle innerhalb einer Gruppe einigen.

Zur Geburt schenkt man Schnuffeltiertücher. Oder Miniplüschhasen. Das findet keiner spießig. Komisch finden wir

Jungen es nur, wenn die Alten warnen und unken: Ja nicht vor der Geburt etwas schenken, das tut man nicht.

Zur Hochzeit wollen wir von sorgfältig vorbestellten Hochzeitswunschtischen etwas haben – und lachen, wenn Omama erzählt, dass sie noch die Aussteuertruhe von daheim mitbekam.

Und während unsere Mütter einst nur für ihre Kinder einen Adventskalender bastelten, ist es heute Jung-Frauen-Pflicht, im ersten Jahr ihrem Schatz einen selbstgebastelten zu überreichen. Was ich damit sagen will? Wir machen uns über die Anno-dunnemal-Traditionen lustig und haben längst schon eigene erschaffen, die die Feste und Feiern hierzulande als deutsch dechiffrierbar machen.

44 *Das Faust-Problem: grübeln und philosophieren*

Wir Deutsche grübeln gern. Zwar mitunter auch nur über die Frage, ob wir Würmchen oder Chipsletten zur WM aufreißen sollen, aber das Grundmuster – viele Gedanken systematisch einem Thema opfern – funktioniert. Man denke nur mal an des Deutschen liebstes Literaturmaskottchen, den Faust. Der grübelt grad so, wie es eine Frau an ihren prämenstruellen Tagen tut. Nur dass sich Faust nicht fragt: Trage ich heute das grüne Kleid oder den gelben Rock, hm, und gucke ich später *Verbotene Liebe* oder *Desperate Housewives*, sondern er sinniert: Hm, was studiere ich denn heute – außer Jura, Medizin, Philosophie? Faust ist eigentlich der erste Langzeitstudent unseres

Landes – und wäre er nicht grad von Goethe quasi in seiner Depressivität und Midlife-Crisis literarisch geadelt worden, dann hätte man ihm auch keine besondere Aufmerksamkeit zuteil werden lassen. So aber: Verbindet die ganze Welt mit uns Deutschen auch die Grübelattacken mit leichtem Hang zur Larmoyanz.

In vielen Großstädten kann man heute auch getrost zu Philosophen gehen statt zu einem Therapeuten. Das hört sich nicht krank an, sondern intellektuell. Die Profiphilosophen überlegen dann gemeinsam mit dem Minifaust, wie man die banalen Alltagsprobleme etwas überhöhen kann und daraus eine richtig schöne handfeste deutsche Krise macht. Mit Kreischen, Kopfschütteln und allem Zinnober. Es ist nämlich so: Zu dem leicht depressiven Klagen gesellt sich bei uns oft noch gern ein hysterisches Solo. So dass aus ganz banalen Alltagssörglis unüberwindbare Hürden werden. Nur gut, dass wir Deutsche nicht nur die Probleme haben, sondern auch gleich den passenden Philosophen dazu. Wir sind halt gründlich. Wenn wir unsere kleinen Allerleisorgen aber einmal distanziert betrachten, dann können wir damit sogar noch einen Einsteigerkurs Philosophie begründen. Wetten, dass ...? Voilà!

Kommunikationsphilosophie: »Mein Freund hört mir nie zu. Warum guckt er immer fern, wenn ich mit ihm spreche?«

Frag *Habermas*. Der würde dir antworten, auch ein dumpf in die Glotze stierender Döspaddel erfüllt die Regeln der Kommunikation, nur nicht *deine* Regeln. Das ist sein gutes Recht. Wenn du über den Müll diskutieren willst und er *ran* guckt, grenzt *er* sich nicht aus der Diskussion aus, sondern *du* interpretierst sein Fernsehgucken: als Desinteresse an dir oder dem Müll oder eurer Beziehung oder an allem. Wenn Mann sich nun aus einem Gespräch nicht einfach ausklinken kann, ist sein Schweigen ja vielleicht ganz beredt. Wenn man es deuten lernt.

»Sein, das verstanden werden kann, ist Sprache«, sagt Herr Habermas. Quasi: Kommunikation ist alles: selbst lachen, heulen, fluchen, wettern. Frau Habermas schweigt dazu. Das ist ihr gutes Recht.

Habermas steht für eine Philosophie der rationalen Kommunikation.

Immoralismus: Wie wichtig sind Gucci-Taschen im Leben, und warum sind die teuersten immer die schönsten?

Nun kann man nicht wirklich behaupten, *Nietzsche* sei ein Frauenversteher. »Du gehst zu Frauen? Vergiss die Peitsche nicht«, »Ein Spielzeug sei das Weib« und »Das Glück des Mannes heißt: ich will. Das Glück des Weibes heißt: er will.« Solche Ansichten würde selbst Dieter Bohlen vorsichtiger formulieren. Aber immerhin weiß Nietzsche, was man gegen Konsumgier tut.

Seine Philosophie fordert eine radikale Umwertung aller Werte. Meinungen, die durch (teure) Moden und Traditionen vorgegeben sind, müssen aufgebrochen werden. In aller denkbaren Konsequenz. Also Finger weg von Gucci und stattdessen lebenslang selber häkeln? So weit geht Nietzsche nicht. Er findet: Wem das Gucci-Täschchen wirklich über die Maßen gut gefällt und auch noch gefallen würde, wenn niemand auf dem Erdenball je es anfassen würde, wenn man sein Gucci-Täschchen liebt wie einen Teil von sich, dann darf man es auch kaufen. Puh. Glück gehabt.

Nietzsche steht für eine Philosophie der Umwertung aller Werte.

Normative Schule der Politikwissenschaften: Warum finden Männer immer an langhaarigen, dickbusigen, blöden Mäuschen Gefallen?

Das weiß *Hannah Arendt* vermutlich auch nicht. Aber sie weiß, wie man sich von diesem Hirnkomplex befreit. Arendt plädiert für ein unabhängiges Leben, ohne von den Urteilen anderer versklavt zu werden. Sehr witzig, Frau Arendt, und wie geht das? Indem man sich kein sinnvolles *Ziel* sucht, das man erreichen will, sondern einen sinnvollen *Weg*, sagt sie.

Lass dir nicht die Lippen aufpolstern (Ziel: en vogue aussehen wie ein Fahrradschlauch), sondern treffe dich mit Freunden, die dich auch schmallippig mögen. (Man trifft sich mit seinen Freunden ja nicht, um *hinterher* damit zu prahlen, sondern weil es *währenddessen* nett ist.) Das Resultat ist haltbarer und gesünder als Botox: Gute Freunde gleich Bestätigung gleich Ich-Stärke gleich Unabhängigkeit von Dumpfbäckchen.

Und wenn der Kerl trotzdem zu den Feldbüschen dieser Welt rennt: »Vergebung ist der Schlüssel zu Tat und Freiheit«, schreibt Arendt.

Arendt steht für eine politische Philosophie der Verantwortung.

Feministische Philosophie: Nonne oder Nymphomanin: Sind Männer gesund?

Man kann nicht sagen, dass *Alice Schwarzer* (in Anlehnung an ihre Schwester im Sinn Simone de Beauvoir) ein liederliches Frauenzimmer, gar eine »Matratze« sei, aber moralinsauer und verklemmt ist sie auch nicht. Schwarzer ist Deutschlands berühmteste, umtriebigste, klügste, nervigste, omnipotenteste, mediengeilste Feministin. Sich selbst kasteiende Frauen, die bescheiden, sittsam und still wie Dörrobst vor sich hinschrumpeln, findet sie langweilig. Und macht deswegen zur Not auch Werbung für *Bild,* wenn's der eigenen Glorifizierung dient. Ansonsten ist ihr Feindbild klar: Männer. Und Frauen, die Männern gefallen wollen, so wie Verona Pooth und Konsorten, viel Busen, kein Hirn.

Schwarzers Philosophie lässt sich zusammenfassen auf:

- Frauen, verdient euer eigenes Geld.
- Frauen, hört auf, euch zu verschleiern.

Eigentlich nicht viel für ein ganzes politisches Leben. Aber immerhin: Schwarzer verliert sich nicht in verschwurbelten Thesen. Sie findet: »Die Gebärfähigkeit ist der einzige Unterschied, der zwischen Mann und Frau bleibt. Alles andere ist künstlich aufgesetzt.«

Hörst du, Naddel? Sich selber gestalten, das Leben als Handtasche ist zu fad!

Schwarzer steht für eine Philosophie des anderen Geschlechtes.

Moderne Konsumkritik: Was muss ich tun, wenn ich Hape Kerkelings Pilgerreise auf dem Jakobsweg zu anstrengend finde, aber meine Unique Selling Proposition trotzdem gern antizyklisch zeitgeistig sein soll?

Dann gibt es noch *Peter Sloterdijk.* Er ist so ein bisschen der Dieter Bohlen des herrschenden Philosophiebetriebes: laut, präsent und mit Wonnen konservativ. Ob ihn andere mögen, verstehen oder achten, ist ihm wurscht.

»Eine bleibende Kulturleistung der Achtundsechziger besteht darin, dass sie die deutsche Gesellschaft in ein Kollektiv von Halbkranken umgeschaffen haben«, findet er. Kein Wort über die politische Aufräumleistung dieser Generation, ihren Emanzipationserfolg oder ihren unabdingbaren Willen zu Toleranz und Selbstbestimmung.

Und wenn nicht er, sondern eine blondierte Tagesschausprecherin wie beispielsweise Eva Herman solches behauptet hätte – dann würde ein Protest-Tsunami durchs teutsche Land tosen. Sloterdijk klettert mit seinen schnarrenden Ideen immer dann auf die Kanzel, wenn es uns Deutschen gerade gutgeht, wir heiter und auch ein bisschen zu satt sind. Dann rückt er seine Brille zurecht und mahnt: »Aus heutiger Sicht lag die Achtundsechzigerbewegung exakt in dem Trend, der zur Konsumgesellschaft führt. Ohne es zu ahnen, waren wir, die westdeutschen Früh-Hedonisten, die Labormäuse des totalen Konsumismus.«

Wenn wir einen Abend lang seine Thesen in unser Gewissen einmassiert haben, dann kaufen wir am nächsten Tag weder bei Aldi noch bei Alnatura. Sondern kochen Blutwurstsuppe und fühlen uns wieder herrlich schlecht und nörgelig. Danke, Sloterdijk.

Sloterdijk steht für eine Philosophie der kritischen Vernunft.

45 *Volksmusik: ein Portrait des wohl beliebtesten deutschen Volksmusikers*

Mach ein Fest aus deinem Leben,
fang gleich heute damit an.

Ein Fest mit Pauken und Trompeten,
wo man noch Träume leben kann.
Mach ein Fest aus deinem Leben,
da bin ich immer gern dabei.
Lasst uns heut tanzen, lachen, singen,
Musik macht deine Seele frei.

Stefan Mross ist wohl so etwas wie ein Volksmusikstar. Allein in diesem Jahr hat er fünfzig Live-Auftritte, zwanzig Fernsehveranstaltungen, fünfzig Interviews absolviert. An gut 200 Tagen war er unterwegs, um Autogrammstunden zu geben. Zum Beispiel am 3. November zuerst im Kaufland Dillingen und anschließend im Kaufland Erlangen. Am 4. November erst im Real Center Erfurt, dann im Kaufland Ilmenau. Und am Samstag, den 5. November in den Real Centern Blankenburg, Wernigerode und Riesa.

Addiert man seine sechzehn Jahre Bühnenerfahrung zusammen, kommen über 3000 Promotion-Touren zusammen, über 3000 Real Center, Kaufländer und PEP Einkaufsmärkte.

»Ich liebe meinen Beruf«, sagt Mross, »zu viel kann es gar nicht sein.« Während er das sagt, sitzt er in einem x-beliebigen teuren Ohrensessel einer x-beliebigen teuer eingerichteten Hotellobby in einer x-beliebigen Stadt. Und wirkt so müde, als habe er just seinen Anti-Suizid-Kurs geschwänzt. Glatt und fesch ist sein gestärktes rosa Oberhemd, aber sein Corpus wirkt in dem Hemd wie eine amorphe Masse aus Teig, Erschöpfung und Leere. Seine Hände liegen kraftlos im Schoß. Seine Mimik ist immer gleich: egal, ob er über seine Freundin, Boulevardjournalisten oder das Hörbuch *Wir Kinder vom Bahnhof Zoo* spricht, das er jüngst aufgenommen hat. Selbst als er von seiner Tochter erzählt, bleibt der Oberkörper im hinteren Drittel des Sessels, die Hände sind gefaltet, und die Stimmgeschwindigkeit ist irgendwie wie eine 45er-Single, die auf 33 läuft.

In dem Sessel sitzt ein desillusionierter, alter, müder Mann.

»Stefan kommt gerade aus dem Urlaub und ist frisch erholt, deswegen ist er auch so entspannt«, zwitschert seine Managerin dazwischen. Mross sagt dazu nichts, sondern schweigt.

Eigentlich schweigt er während des ganzen Interviews. Zwar spricht er Sätze wie: »Meine Eltern haben mich so erzogen, dass ich auf dem Boden der Tatsachen bleibe.« – »Ich kann stolz sagen: Ich kann Leute beglücken, ich kann sie zum Lachen bringen.« Oder: »Ich bin momentan so happy, dass ich gar nicht wüsste, was ich mir noch vom Leben wünschen sollte.« Aber irgendwie wirkt das ganze Szenario wie eine Schneekugel, die, wenn man sie schüttelt, kurz goldenen Glitterregen aufwirbelt und sich dann aber ziemlich schnell auch wieder beruhigt. Kein anderer Volksmusiksänger wirkt so glatt und dabei so zerrissen wie Stefan Mross. Warum liest einer, der sonst »daheim ist, wo ich glücklich bin, und das bin ich nur bei dir« intoniert, *Christiane F.*, ein Jungmädchen-Antibürgerlichkeits-Ausbrecher-Buch, das von Dreck, Drogen und Hoffnungslosigkeit handelt?

Wieso wirkt sein ganzes Leben inszeniert?

Wo ich all die Träume leben kann,
die ich tief im Herzen spür'.
Daheim ist, wo die Einsamkeit
für alle Zeiten schweigt.

»Wahrheit steht bei mir an erster Stelle im Leben«, sagt Mross, »in meiner Beziehung, in meinem Beruf. Ich bin dem Publikum gegenüber zu einer Wahrheit verpflichtet, und wenn ich mal hören möchte, wie das Publikum von mir denkt, dann schließe ich mich in den Konzertpausen zehn Minuten auf dem Klohäuschen ein. Da hört man alles.«

Natürlich wäre es naiv anzunehmen, Volksmusiksänger würden das glauben beziehungsweise gar leben, was sie singen, aber die ständige Überbetonung des Wahrheitswertes macht die Diskrepanz zwischen Wunsch und Wirklichkeit besonders deutlich.

Köln. WDR-Gelände. Stefan Mross und seine Lebensgefährtin, die Volksmusiksängerin Stefanie Hertel, sind zu einer Partnerschaftstest-Show mit Jörg Pilawa als Prominentenpaar geladen. Während der Anfahrt, dem gemeinsamen Schminken in der Maske, dem Warten im Besucherraum sind die beiden wie ein Parallelogramm: die Achsen leicht verschoben und sich nie berührend. Auch sprechen sie nicht miteinander oder tuscheln, sondern laufen nebeneinander her, als gäbe es den anderen nicht. Nur als ein Fotograf kommt und noch ein Foto für die Sendung braucht, lehnt sich Hertel an Mross und legt ihre Hand auf seine Brust. Den Kopf hält sie schief und den Mund, lächelnd, geöffnet. Zwei Zahnreihen nach dem Grundwehrdienst. Mross steht gerade, aufrecht; in dem Moment, als der Fotograf die Kamera senkt, haben sich die beiden schon wieder voneinander gelöst. Natürlich kann das Zufall sein, vielleicht ist der eine von beiden erkältet oder sie verstehen sich ohne Worte und An- und Absprache. Aber vielleicht sind auch beide einfach nur frisch erholt.

Dein Traum lässt auf Steinen Rosen blühn,
wenn die Sonne mal nicht scheint,
lässt er Wolken weiterziehn.

Zehn Jahre war Stefan Mross alt, als er in der heimatlichen Blaskapelle das erste Mal in die erste Reihe geschoben wurde. »Jägers Abschied«. Der Kleine macht das schon. Er machte und spielte seitdem bei Nachbarn, Hochzeiten und Geburtstagen.

1989 entdeckte ihn Karl Moik und ließ ihn, dreizehnjährig, in der Nachwuchssendung *Wie die Alten sungen* auftreten. Seitdem herrschen bei der Familie Mross andere Gesetze. Stefans Vater ist Busfahrer, seine Mutter Hausfrau, sein zehn Jahre älterer Bruder ist heute Betriebsleiter bei Mercedes-Benz. Eine dörfliche Kleinfamilie mit einem Star in der Mitte.

Oder einem, der seitdem die Regeln der Bürgerlichkeit nicht mehr beherrschen kann, aber will. »Das Wichtigste sind meine Freunde und meine Familie, die hoffentlich immer im Leben zu mir halten.« Heißt übersetzt: Klar sind Hotels klasse, aber wenn es schwierig wird, dann möchte ich bitte zu Muttis Teewurststullen.

1997 begann für Mross so etwas wie der musikalischer Reaktorunfall. Der belgische Musiker Alexandre Malempré behauptete, Mross könne gar keine Trompete spiele, er, Malempré, habe immer für Mross geblasen. Absurd an dieser Geschichte sind nicht die vielen Gutachten und Gegengutachten, die zahlreichen Spekulationen der Presse oder die zivilrechtlichen Auseinandersetzungen vor Gericht – sondern die Normalität, mit der man annimmt, in der Branche sei es möglich, acht Jahre lang eine Blasillusion aufzubauen, ohne dem pathologischen Befund der Schizophrenie zu erliegen.

Wichtiger als die Frage – kann Mross Trompete spielen? – ist der selbstverständliche Zustand einer verlogenen Unterhaltungsbranche.

Vielleicht, wär' die Welt nur halb so schön,
Wenn wir die Illusion verliern und die Wirklichkeit nur siegt.

Und vielleicht liegt die wahre Kompetenz eines jungen Volksmusikers nicht in der Musikalität oder in seiner Telegenität, sondern in der Schlichtheit, diese Illusionsprägung auszuhalten, so wie man lange Autofahrten aushalten lernen muss oder Real-Filialen-Einweihungen. Vielleicht macht diese Illusionskompetenz einfach nur schrecklich müde.

Wenn Mross auf der Bühne sein Publikum unterhält – beliebt sind kleine Altherrenwitze oder Selbstoffenbarungen wie »ich bin ja auch nicht mehr der Jüngste«, während seine Partnerin Stefanie es vorzieht, »Sie sind ein tolles Publikum« und »wir kommen gerne wieder« zu intonieren –, wirkt er auch ohne Trompete irgendwie gepresst. Sein super-korrekter Haarschnitt, seine akkurate Kleidung wirken nicht ordentlich, sondern zwanghaft. Wie ein Dreißigjähriger, der immer noch Vater und Mutter gehorchen will. Und der sich damit abfinden muss, dass seine Freundin immer noch die Hände ihres Papis auf der Bühne hält, nicht seine.

Der den Alptraum, in vierzig Jahren immer noch singen zu müssen »und Träume sterben nie, solang du bei mir bist«, nur so bewältigen kann, indem er schlechte stereotype Sketche aufführt (er als alter Mann mit Hornbrille, Stefanie als alte Frau mit

Kopftuch), die beide als Never-ending-Volksmusikpaar parodieren. Das Silberpudel-Publikum lacht regelmäßig. Ihm selbst muss es den Magen umdrehen.

»Mein Gott. Der Stefan. Ein Lausbub. Ein richtiger Lausbub noch.«

Wenn Karl Moik, quasi sein Medienentdecker, über ihn spricht, klingt das so, als wäre Mross dem Blaskapellenalter noch nicht entwachsen. Er mache halt auch Fehler, so wie jeder Lausbub sie mache, sagt Moik, »aber irgendwann wird die große Weisheit schon noch kommen. Lassen wir ihn doch bis vierzig ein Lausbub sein.«

Wie ist er denn, der Volksmusiker?

Der Humor, der sei wirklich »super« bei ihm, und »der Fleiß« und »die guten Nerven«, »aber wie's in ihm selber ausschaut, das weiß ich natürlich nicht«, sagt Moik. Es wirkt, als verwandle sich Stefan in Moiks Einschätzung selbst zu einem Schlager: Hab Sonne im Herzen, egal, ob's stürmt oder schneit.

Aber ist Mross nicht auch sehr verschlossen, introvertiert und bei sich? »Ja, Gott sei Dank, das ist er«, sagt Moik, »Gott sei Dank.«

Was Deutsche außerdem prägt

46 *Medienschund und Medienbilder*

Wer etwas über Deutschland erfahren will, kann sich auch für einen Tag in einen Kiosk einmieten. Ich behaupte: Das mediale Printangebot ist nirgendwo so groß wie in Deutschland – proportional zu der Bevölkerungsdichte. Und so sagen die großen Titel (*Spiegel*, *Stern*, *Playboy*) etwas über die Deutschen aus – und die kleinen. Es gibt Zeitschriften für Katholiken (*Focus*), und es gibt Zeitschriften für Protestanten (*Spiegel*). Es gibt Zeitschriften für Dichter (*Ibykus*), und es gibt Zeitschriften für Denker (*Cicero*).

Es gibt Zeitschriften für Fliegenfischer, Hobbybastler, Prinzessin-Lillifee-Sammlerinnen und Sekretärinnen. Kaum ein Sachgebiet, das nicht beackert wird, kaum ein Themenfeld, das nicht indirekt etwas über den Seelenzustand von uns Deutschen verrät. Schön ist das deutsche Seelenheil an dem umfangreichen Sachgebiet »die Frau« auszumachen. Warum? Weil wir Deutsche uns so stringent wie sonst nirgends in Europa damit schwertun, Karrieremütter nicht Rabenmütter zu nennen und Hausfrauenmütter nicht Heimchen-am-Herd. Irgendwie wollen wir alles: Karriere und Küche, Stillen und Stilettos, Hipp und hip. Sind wir irgendwann einmal so erfolgreich wie erfolgreiche deutsche Frauen – sagen wir mal: wie Bärbel Schäfer, Silvana Koch-Mehrin oder XXX (hier können Sie Ihre persönliche Lieblingserfolgsfrau einsetzen) –, dann dauert es nicht lange und die Nachbarin von nebenan stichelt: Hat ADS (Aufmerksamkeitsdefizitsyndrom) eigentlich etwas mit der emotionalen Betreuung in den ersten vier Prägejahren zu tun? Kommt Bettnässen von Fremdbetreuung? Ist Selbstgekochtes nicht deswegen unverzichtbar, weil es Adipositas, Bluthochdruck und eingewachsene Fußnägel im Alter verhindert? Wenn man gegen all das freundlich gekontert hat und dabei immer noch Fassung und Fassade hält, dann kommt – quasi als krönender Abschluss – die Frage aller Fragen: »Hast du eigentlich eine spontane Geburt gehabt oder per Kaiserschnitt entbunden?«

So sind wir deutschen Frauen: gönnen unsern Mitstreiterinnen nicht das Grüne unterm Fingernagel. Und erst recht nicht das Recht, unbeschwert zu sein.

Das Absurde ist: Wir Frauen machen uns unsere Klischees selber und mit so viel Mühe, als handle es sich hierbei um ganz besonders blank gescheuerte Spültische oder eine aufwendig angerührte Paradiescreme.

Allenthalben wird in den Medien, passend zur Sommerlochzeit, das Thema Frauen und Karriere aufgegriffen. Es scheint, als sei dies nach Klimakatastrophe und Mindestlohn der Auflagengarant schlechthin. Kostprobe? Die *Frankfurter Allgemeine Zeitung* fragte in ihrem *Hochschulanzeiger* nach dem selbstverantworteten Leid der Frauen im Job. Der *Spiegel* bringt ein Dossier »Powerfrauen« raus und die *Zeit* titelt im Wirtschaftsteil: »Sie brechen seltener die Schule ab. Sie schaffen es häufiger bis zum Abitur. Sie studieren schneller und oft mit besseren Noten. Trotzdem werden sie (Frauen) schlechter bezahlt. (…) Woran liegt das?«

Offenbar finden deutsche Leserinnen und Leser: Es ist Zeit zum großen Wechsel. Frauen an die Macht. Zumindest als Partygeplänkelthema macht sich das gut. Aber wie cremeweich diese Thesen sind, kann man immer dann beobachten, wenn man einmal beim Frisör sitzt (oder beim Zahnarzt, Flughafenhalle und so weiter) und liest, was frau liest. Oder lesen soll. Unglaublich!

Sieht man sich den deutschen Blätterinnenwald einmal genauer an, dann scheint es, als wäre jede zweite Zeitschrift von Eva Herman konzipiert und von Christa Müller ediert. Ganz subtil wird die »Zurück an den Herd«-Maxime unters Volk gemischt. Und das merkt es nicht einmal.

Bravo Girl! wirbt mit großmäuligen »3 Extras«: zweimal Tanztraining, einen »Germany's next Topmodel«-Planer und ein paar Billigkreolen aus wahrscheinlich wiederverwendetem Joghurtbecherpapier. Auch die Geschichten im Heft sind darauf ausgerichtet: Wie gefalle ich Jungs am besten? Kann man sich das für eine typische Jungszeitschrift vorstellen? Was lesen präpotente Männer? *PM*, vielleicht *Computer Bild*, manche gar *Focus* oder den *Spiegel*. Nirgendwo wäre ein Gimmick zu finden, das sie für die Balz mit Mädchen attraktiver macht. Kann man sich vorstellen, Jungs lesen eine Zeitschrift, in dem ein Probetübchen Pickelabdeckcreme steckt?

Die Themen für Mädchen dagegen: »Jungs stylen Girls. Diese Looks finden Typen gut«, »Jungfrau trotz Sex – geht das?« und »Fester Freund. Was du haben musst, um *ihn* zu kriegen«.

Klar, das sind die Themen, die die Zielgruppe am meisten interessiert. Aber Geschichten wie »Was Jungs haben müssen, damit sie keine Nieten sind« würden Mädchen auch lesen, jede Wette.

Ganz unterschwellig wird hier für junge Suchende ein Frauenbild aufgebaut, an dem spätere Frauen lange zu diskutieren haben. Nicht nur bei Lohnverhandlungen.

Wer aus dem *Bravo-Girl!*-Alter herausgewachsen ist, plus/minus zwanzig Jahre alt ist und kurz vor dem Studienbeginn steht, greift vielleicht zu *Maxi*, dem Heft aus dem Bauer-Verlag. Eine Aprilausgabe stand unter dem Motto »Ich glaube an mich«, was sich ja erst einmal ganz selbstbewusst und lässig anhört. Stephan Schäfer, der Chefredakteur, schreibt im Editorial: »Es gibt tausend Gründe, seinen Traum nicht zu leben. Die Miete muss bezahlt werden, die Eltern machen sich Sorgen, und ganz sicher ist man selbst auch nicht, ob das Ganze nur eine Flause ist.« Er endet sein Seite-fünf-Textchen mit den Worten: »Wir wollen Sie mit der Geschichte ›Ich glaube an mich‹ ja nicht auffordern, alles hinzuschmeißen. Aber es lohnt sich, darüber nachzudenken, was wirklich eine Herzensangelegenheit ist – und was nur eine Schnapsidee.«

Lebensberatung in Frauenmagazinen funktioniert immer. Wieso eigentlich? Wieso werden erst Komplexe geriert und sie anschließend gönnerhaft therapiert? Erst wird unterstellt, man würde seinen Traum nicht leben, und anschließend bekommt man die Schulter getätschelt: »Aber nun nicht gleich durchdrehen, Mädchen. Lies erst einmal unsere Geschichten, und dann überlegst du dir das mit dem Auslandssemester noch einmal.«

Auch hier im Heft wieder die Jungs-gefallen-Geschichten: »Fitmacher für Bauch, Beine, Po« oder »Wenn Männer plötzlich anders gucken. Neue Haarfarbe, ein paar Kilo zu viel, schon fällt man raus aus dem Beuteschema. Drei Frauen erzählen von ganz neuen Erfahrungen.«

Eine Stefanie Weiß, 29, ist in dieser Geschichte schwanger – »und spaltet damit die Männerwelt«, wie *Maxi* weiß: »Noch nie hatte ich darüber nachgedacht, ob ich sexuell vielleicht nicht mehr attraktiv bin.« Alle *Maxi*-Leserinnen werden es aber künftig tun, bevor sie überhaupt nur einen Gedanken an Familie oder Kinder verschwenden. Subkutane Komplexinjektion. Und damit das Ganze auch noch wissenschaftlich oder zumindest seriös recherchiert erscheint, hat die Protokollerstellerin dieses Textes auch noch die »Forschung« bemüht: »Evolutionsbiologen wissen, dass Frauen mit einem niedrigen Taille-Hüft-Quotient besonders attraktiv für Männer sind.«

Ausnahme, Einzelfall, Kommtnichtwiedervor? In der Ausgabe vom Dezember 2008 fragt die Redaktion schneidig: »Sind Ihre Kollegen schlecht für Ihre Figur?«

Wieder wird nicht gefragt, wann denn eigentlich Männer für Frauen attraktiv sind, wieder wird nicht geschrieben, was Frauen tun könnten, um sich selbst zu gefallen, wieder wird die 100 000. Variante der drögen »Wie gefalle ich Männern«-Geschichte aufgeschrieben.

Natürlich liest man solche Postillen nur beim Zahnarzt oder beim Frisör, schon klar. Aber auch nebenbei konsumiert, verhärtet sich nach und nach ein Kulturbild, das wenig modern ist, um es vorsichtig zu formulieren.

Es geht auch nicht darum, die berühmte Ausnahme von der Regel zu finden. Klar, es gibt Exotentitel wie *Gazelle*, das multikulturelle Frauenmagazin. Klar, es gibt Graue-Panther-Themen wie »Respekt – eine vergessene Tugend« oder »Leben ohne Kinder: Kommt nach der großen Freiheit die bittere Reue?« (*Brigitte Woman*).

Und klar, die *Emma* hat auch ein Dossier »Gegen den Diätwahn« im Heft. Fast reflexhaft nimmt sie alle aktuellen Frauenmagazinthemen auf – nur mit umgekehrten Vorzeichen. Aber sagt das tatsächlich etwas über das aktuelle Angebot von Frauenmagazinen aus? Millionenauflagen (und damit auch die besten Verhandlungspositionen für die Anzeigenkunden im Heft) bringen immer noch Magazine, die wie *Cosmopolitan* titeln:

»So kriege ich jede rum. Ein Sex-Gott über seine raffinierten Taktiken.« (Er hatte 160 Frauen.) Und auch hier wieder: »Feng-Shui für die Seele. Wie Sie wirklich loslassen und Ihre Ziele definieren können.« Bei Männern heißt das nicht Feng-Shui, sondern »Saufabend mit Kumpels«. Und es geht dabei nicht darum, was man besser findet, fernöstlicher Abfall-Hokuspokus oder bierselige Stadionbesuche, es geht um das kostenlos mitgelieferte Gefühl: Frauen müssen erst loslassen lernen und Ziele definieren, bevor sie in den Frühling starten dürfen, Männer sind so, wie sie sind. Es hilft dabei wenig, dass es genug Beispiele gibt, wo auch Kerle kümmerlich gemacht werden. (*Men's Health* belehrt im Dezember 2008: »Je härter Ihre Hoden sind, desto besser.« Okay, zugegeben, das ist wie *Cosmopolitan* – nur für Kraftsportler.)

Die meisten Frauen-, Girls- oder Mädchenmagazine titeln auch im Jahre 2008 immer noch mit Mode, Psycho (gern auch »fühlen« oder »schöner leben« genannt), Liebe. Das Fatale daran: Es geht immer nur darum, anderen zu gefallen. Fast alles ist Bauchnabelschau. Warum findet man in Heften für Frauen keinen politischen Teil und auch Buchempfehlungen meist nur auf Hera-Lind-Niveau?

Im Fernsehen klappt das doch auch. *Mona Lisa* ist ein Frauenmagazin. Und politisch. Kulturell. Jedenfalls nichts für »Ich suche meinen Traummann«-Tussis. Auch Radioprogramme, einzelne, sehr vereinzelt, bieten Inhalte für Frauen an, die sie nicht ganz und gleich zu debilen Gefallen-wollen-Wunder macht.

Warum ist der deutsche Zeitschriftenmarkt so konservativ, dass die paar Ausnahmen, die es gibt (die Zeitschrift *Myself* zum Beispiel, aber die wird fast unter Ausschluss der Öffentlichkeit verkauft), kaum der Rede wert sind?

Dass man sehr wohl Frauen und Hirn in einem Heft zusammenbringen kann, zeigt *Neon*, jüngstes Erfolgsheft aus dem Hause Gruner & Jahr Monat für Monat eindrucksvoll und auflagenstark: »Happy Birthday, Madonna« (und nicht Robbie Williams!), »Der Soundtrack meines Lebens« (mit einer Tagesschausprecher*in* und nicht einem Tagesschausprecher) und »Diesmal zahle ich« (ein Thema, das sich genuin an emanzipierte Frauen richtet).

Selbst, und das ist das Neue, Freche, Revolutionäre, Einmalige im deutschen Blätterwald, die Kontaktanzeigen sind nicht auf »blond, blauäugig, blöd« gestrickt. Eine dreiundzwanzigjährige Nina buhlt um Mannesgunst mit der Aussage: »Zurzeit züchte ich Frösche. Die werden gefüttert und gewaschen, und manchmal unterhalte ich mich mit ihnen, damit sie fröhlich sind. Außerdem habe ich Molche. Die stecken mitten in der Paarungszeit. Das Männchen schwimmt vor das Weibchen und wedelt mit dem Schwanz … Männer ekeln sich vor meiner Begeisterung für schleimige Amphibien und stecken mich in die Verrücktenschublade. Wahrscheinlich bin ich deshalb so ein Idiotenmagnet.«

Hallo? Eine ganz normale, junge Frau. Die weder Prinzessin Lillifee noch Barbie sein möchte und die durch die Magie der Millionenauflage attraktiv gemacht wird mit dem, was sie hat: eine skurrile Vorliebe für Schleimtiere.

Was hat das jetzt mit »deutschen Frauen und Karriere« zu tun? Alles beziehungsweise viel. Wer täglich mit alten Frauenbildern umspült wird wie ein gesunder Zahn mit Säure, muss sich nicht wundern, wenn sein Hirn irgendwann fault. Wer dauernd liest, dass zum Frausein Peeling, Highheels und ein Psychotest wichtiger sind als Bildung, Beruf oder Familie, fängt irgendwann an, das zu glauben. Das wiederum wirkt sich auf das Selbstbewusstsein (zum Beispiel bei Lohnverhandlungen) aus, und das wiederum entscheidet über Job und Karriere. Wen das frustet, macht dann einen Test »So werden Sie selbstbewusster« in *Brigitte* oder *Petra* oder *Laura* oder *Tina*, und so schließt sich der Kreis der selbstgemachten Komplexe.

47 *»Das Auto – der Deutschen liebstes Kind«*

Uff. Die Deutschen und das Auto. Ein sehr weites Feld – und das fast immer ohne Geschwindigkeitsbegrenzung. Manchmal denke ich, am meisten haben unsere Nachbarn vor den deutschen Autobahnen Angst. In Deutschland mutiert der brave Katasterbeamte zu einem SUV-bretternden Off-road-Rowdy, der zwar im Bett gern die Uli-Stein-Socken anbehält, aber auf der Straße sich benimmt, als kreuzten Rambo und Don Quichotte seinen Stammbaum: aggressiv, planlos und immer drauf auf die Windmühlenflügel des Vordermannes.

Wenn man bei Google »das Auto« und »der Deutschen liebstes Kind« eingibt, fluppen über 50 000 Fundstellen heraus. Was für die sprachliche Bräsigkeit mancher Journalisten, Blogger, Forenmitglieder spricht – und ein handfestes Indiz dafür ist, dass die Deutschen ihren »fahrbaren Untersatz« (noch so ein klebriges Klischeewörtlein!) mehr mögen als ihren Gartenzwerg, ihre Kuckucksuhr und ihren Schwarzwälder Schinken.

Die Zeit erklärt diese einseitige Zuneigung so: »›Was fährst du?‹ wird in weiten Kreisen Deutschlands gleichgesetzt mit ›Wie lebst du?‹. Franzosen definieren sich übers Essen und die

Mode, Deutsche übers Auto: Das ist mehr als ein Klischee, es ist das Ergebnis einer Entwicklung über viele Generationen. Geschmack entsteht in der Gemeinschaft. Wenn die Kollegen Austern essen, mag man sich eben nicht mit Fischstäbchen begnügen. Und wenn vor den Einfahrten der Nachbarhäuser lauter teure 3er BMW, Audi A4 und Mercedes der C-Klassen stehen, dann sieht der eigene fünf Jahre alte Mittelklasse-Renault ziemlich alt aus. Also sind in Deutschland 42 Millionen Pkw unterwegs, nur in Italien und den USA ist die Fahrzeugdichte höher, der Wert der Blechkisten indes geringer. Werktäglich fahren 19 Millionen Pendler mit dem Auto zur Arbeit. Fast ebenso viele Bundesbürger sind im ADAC organisiert, sechs Millionen greifen zu einer Autozeitung, und zur weltweit größten Motorschau, der Internationalen Automobil-Ausstellung (IAA) in Frankfurt, pilgern jedes Mal fast eine Million Besucher.«

Mit Autos kann man in Deutschland viel Geld verdienen. Und mit Automobilzubehör. Der Deutsche mag sein Auto gern reinlich und voll eingerichtet. Deswegen kauft er ebenso viel Brimborium für diesen Zustand wie eine einsame Witwe für ihren Pekinesen: Duftbäumchen, Armaturenpolitur. Handstaubsauger, Sitzheizung, Stereoanlage, Navigationssystem, Coladosenhalter, für WM, EM und Olympia einen Deutschlandwimpel. Und: für die Scherzkekse einen vom Lenkrad aus steuerbaren Hosenmatz, der auf Knopfdruck seine Hose runterlassen kann und den hinterherfahrenden Autofahrern seinen nackten Popo zeigt. Ich kenne eine Frau, die darf mit Straßenschuhen nicht das Auto ihres Mannes betreten. Als ich einmal mitfuhr und aus blankem Versehen meinem nörgelnden Kind eine Sei-still-Reiswaffel (krümelt trocken, macht keine Flecken) geben wollte, drehte sich der Mann um und raunzte: »Lieber fahre ich mit einem schreienden Kind bis nach Spanien, als dass ich *Krümel* in meinem Auto dulden würde.« Die Frau erzählte mir allen Ernstes, dass sie sich im Auto selten trauen würde, ihrem Mann zu widersprechen, weil ihr Kopfschütteln Schuppen auf den schwarzen Bezug befördern könnte.

Wieso wird das Auto hierzulande derart zum Fetisch? »Das Auto ist der teuerste Gegenstand, den man nonchalant allen anderen zeigen kann«, erklärt mir ein Autohändler, der sogar von Philosophie ein bisschen Ahnung hat. »Mit nichts kann man Minderwertigkeitskomplexe schneller kompensieren als mit einem Symbol, das den eigenen Luxus dokumentiert. Man zeigt mit seiner Art, Auto zu fahren: Ich bin sportlich, schnell, dynamisch – auch wenn man es im wirklichen Leben gar nicht ist. Außerdem: Die Deutschen sind seit jeher mobil, aber kommen gern wieder an. Für all das ist ein Auto ideal.«

Im Web kursieren Tipps, wie man den Blitzern entkommt: Haarspray auf dem Nummernschild reflektiert angeblich so, dass man die Zahlen und Buchstaben nicht mehr erkennt. Eine kondomartig übergestülpte Alditüte (über das Nummernschild!) könne gleichermaßen als Tarnung dienen und als Entschuldigung, falls einen die Polizei anhalte: »Ups, die ist wohl beim letzten Parkstopp … vom Wind …«

Wir Deutsche fahren also schnell und in sauber gesaugten Autos. Sonst noch was Schlimmes? Ja, das Fluchen gehört unbedingt zum routinierten Schnell-sauber-Fahrer. Mein Nachbar hat sich bei der Geburt seines ersten Kindes zwar »Scheiße«, »Mist« und »Arschloch« abgewöhnt, »lieber früh, als dass ich's hinterher nicht mehr unterdrücken kann«, aber kaum hat er ein Steuerrad vor sich, gilt dieser hehre Erziehungsansatz nicht. Ja, und ich gebe ganz kleinlaut zu, einer der ersten mehrwortigen Sätze, die unser Sohn von seinem Vater gelernt hat, war: »Fahr doch, du Penner.«

Schnell, sauber und schimpfend – mit diesen drei S ist der Deutsche unterwegs. Vielleicht sollte ich der Fairness wegen noch eins dazufügen: sicher. Denn trotz der theoretischen Möglichkeiten ist das deutsche Autofahren doch verhältnismäßig risikoarm. Versuchen Sie einmal an einem Markttag in Rom Ihr Auto zu parken. Oder in der Türkei auf Bergstraßen zu fahren. Oder in Norwegen den populärsten Weg von einer Kneipe zurück ins Dorf zu finden. Eben, dann wissen Sie, was ich meine.

48 *Das deutsche Image*

In Deutschland traut man sich nur ganz vorsichtig, stolz zu sein. Das hat mit unserer erschütternden Vergangenheit im Ersten und Zweiten Weltkrieg zu tun – und mit einer ganz und gar männlich geprägten Gesellschaft.

Zwei für die deutsche Gesellschaft ganz und gar stilprägende Milieus sind typisch männlich: das Universitätswesen und das Militär. Ersteres entstand ungefähr zur Goethezeit und ist das Bild des liebenswert schrulligen und tief in den Wissenschaften versunkenen Deutschen. Bisschen weltfremd, aber ganz und gar sympathisch, *faustig-fahrig* sozusagen. Und: durch und durch männlich. Das zweite Milieu ist ebenso geschlechtereinseitig – männlich – und zeigt die brutale Seite des deutschen Michels: das Militär. Diese kulturprägende Institution fand ihren Höhepunkt zur Kaiserzeit unter Wilhelm II.: Säbelrasseln, Monokel, autoritäres Herumbellen und Schnurrbärte, wie zu Regenwürmern gedreht. Man sprach nicht miteinander, man teilte Befehle aus oder empfing sie. Man gönnte sich keine Gefühlsregungen und versuchte dem Rest der Weltbevölkerung zu imponieren. Mit Säbelrasseln, Monokel und Herumgebelle.

Höfische Gesellschaften, in denen Manieren, Frauen und Ästhetik gefragt waren, fand man in Frankreich, England, Spanien. Hier entwickelten sich verschrobene, manchmal auch intrigante Umgangsregeln, die aber stets auch vom Zusammenleben der Männer und Frauen erzählten. Der deutsche Mann, so sehen uns die Ausländer, ist lieber frauenlos, gefühllos und benimmfrei.

Der Literaturwissenschaftler Dietrich Schwanitz beschreibt in seinem Buch *Bildung. Alles, was man wissen muss* das Image der Deutschen so: »Würde man eine amerikanische Werbeagentur befragen, würde sie uns mitteilen: Deutschland hat gewissermaßen ein Imageproblem. … Der Deutsche wurde (vor dem Ersten Weltkrieg) zum … bedrohlichen Maschinenmenschen, uniformiert, hackenschlagend und pickelhaubenbehelmt, dem durch militärischen Drill alle normalen Regungen ausgetrieben worden waren. Die Massenpropaganda während des Krieges trug viel dazu bei, dieses Bild zu verbreiten und zu festigen, und als die Nazis an die Macht kamen, schien es durch seine Übersteigerung bestätigt zu werden. Dabei fügten sie ihm etwas Dämonisches hinzu, eine gehörige Portion Wahnsinn, die sich in der Kontrastierung von kältester Grausamkeit und sensibelster Musikalität zeigte. In dieser Form wurde der typische Deutsche als sentimentaler SS-Mann, der abwechselnd Wagner hört und Leute abschlachtet, zur Standardfigur des amerikanischen Kriegsfilmes.«

Aber nicht nur der schlichte Amerikaner reduziert uns auf Tränen und Töten, auch der deutsche Mann hat immer noch Schwierigkeiten mit einer ganz normalen französischen Höflichkeit, amerikanischen Herzlichkeit, britischen Diskretion. »Heuchler« nennen wir diese Etikettenkünstler und verzichten auf alles, was unseren Charakter weicher, flauschiger machen würde. Und das gelingt uns mit einem subversiven Fleiß, der psychoanalytisch sicher hochinteressant wäre, untersucht zu werden.

- Sport betreiben wir gern nach Geschlechtern getrennt, die Männer machen Bankdrücken, die Frauen »Bauch, Beine, Po«-Gymnastik.
- Die deutsche Frau hat es als berufstätige Mutter schwer, wieder in den Job integriert zu werden. (Das hat auch etwas mit unserer Mutterkreuz-Vergangenheit zu tun. Alle Länder, in denen der Faschismus im vergangenen Jahrhundert blühte – Deutschland, Italien, Japan –, haben heute ein massives Kinderproblem.) Man wünscht sich die hochintelligente Frau und Gemahlin, die aber charakterlich so gefestigt ist (vulgo: faul!), dass sie eine berufliche Bestätigung nicht nötig hat, und die sich, wenn sie Kinder hat, lieber voll und ganz den lieben Kleinen widmet. Kürbisse aushöhlen, Adventskalender basteln, Eier verstecken, Schiffe versenken. Tut sie das nicht, kommt es schnell von anderen Müttern: »Ich freu mich für Frau Klein, dass sie wieder arbeiten kann, aber für die Kinder ist es doch nicht schön, so ohne Mama aufzuwachsen.« So bleiben auf Dauer die Büroetagen im europäischen Vergleich erschreckend leer von arbeitenden *und* Keuchhusten heilenden Frauen.
- Der deutsche Urlaub wird zunehmend zu einer geschlechtsspezifischen Angelegenheit: Die Frauen wollen Wellness, die Männer Sport. Dabei ist Wellness nur ein Verwöhnzustand, den sonst Kranke in Anspruch nehmen, und Sport

nur ein anderes Wort für Flucht. Kennen Sie einen Mann, der gern Schüssler-Salze süffelt und Einlaufkuren genießt? Kennen Sie Frauen (ich meine *Frauen*!), die gern angeln?

- In Schwangerschaftskursen ist »man« zwar selbstverständlich dabei, aber immer noch ein von Hebammen nur geduldetes Übel. Bevor ich mein erstes Kind bekam, weigerte sich mein Mann, mitzugehen. *Einen* einzigen Abend konnte ich ihm aus dem siebentägigen Kurs abtrotzen. Die ersten drei Termine waren sowieso für Männer »nicht erlaubt, da wollen wir uns erst einmal so kennenlernen«, begründetete die Kursleiterin den minimal-invasiven Rassismus. Erst am vierten von sieben Kursterminen durften sie dann endlich mit. Da saßen sie dann: sieben Männer neben sieben Frauen, alle mit sauberen Socken an den Füßen und auf das Schlimmste gefasst.

  »So, schön, dass heute Abend endlich auch mal die Männer dabei sind«, begrüßte die Hebamme, »wir fangen mit einer kleinen Begrüßungsrunde an: Die Männer stellen bitte ihre Partnerinnen vor – und sagen dann gleich, in welcher Woche sie ist. Mal sehen, wer das schafft.«

  »Siehst du«, flüsterte mein Mann, »deshalb will ich hier nie wieder hin.«

Warum bitte, können wir Frauen uns nicht selber vorstellen, warum bitte, muss man Männer »prüfen«, ob sie auch den sittlichen Ernst in einen Schwangerschaftskurs mitbringen? Warum wundern wir uns, wenn die Kerle dann doch wieder unter sich zum Nordderby SV Werder Bremen gegen HSV marschieren, grölend, mit Bier und ohne Rechtfertigungszwang?

Das ist nur ein kleines Beispiel, und sicherlich würde sich die Hebamme für »total emanzipiert, spürbewusst und sensibel« halten, aber es macht deutlich, dass wir in Deutschland immer noch die Geschlechtertrennung vollziehen. Unbewusst, ungewollt, aber effektiv.

49 *Ausgewanderte Wörter*

Es gibt eine Sorte deutscher Repräsentanten, die uns erfreuen und den Rest der Welt gleich mit. Die Germanismen sind das Putzigste und Rührendste, was wir Deutschen auf dem Weltmarkt feilbieten können. Begriffe wie »Weltschmerz«, »zickzack« oder »Turnverein« haben in viele andere Sprachen Einzug gehalten. Dummkopf (ins Englische), Fingerspitzengefühl (ins Chinesische, Russische, Schwedische). »Is das so?«, fragt man in Nigeria. Und abgesehen davon, dass es possierlich klingt, wenn man sagt: »I want to go to the turnverein«, zeigt es noch etwas anderes. Andere Nationen entlehnen deutsche Begriffe nur dann, wenn sie etwas beschreiben, was mit der eigenen Sprache nicht zu beschreiben ist. Die typische »German Angst« benennt für Engländer und Amerikaner die deutsche Umwelt-Bänglichkeit.

Auch Kitsch, Gemütlichkeit, Wehmut oder Zimt wurden in andere Sprachen übernommen, weil es offenbar kein passendes Wort in der eigenen Sprache gab.

Fachleute nennen diese Wörter malerisch »ausgewanderte Wörter«. Es ist deshalb nachvollziehbar, dass besonders in Ländern mit vielen ausgewanderten Deutschen (Amerika, Russland) auch irgendwann die Wörter nachkamen. Das Wort »Quatsch« ließen wir gern ziehen, auch »Reibekuchen« oder

»Kindergarten« bekamen noch eine Extrastulle für ihre langen Reisen mit. Aber musste ausgerechnet auch »Schmierkäse« auswandern? Und »Blutwurst«, »Hinterland« und »Bierstube«?

Über 6000 ausgebüchste (ist das auch ein Germanismus?) Begriffe hat der Deutsche Sprachrat 2006 zusammengetragen, wahrscheinlich gibt es noch viel mehr.

Das sprachliche Bild jedenfalls, das die Germanismen über uns Deutsche erzählen, ist ein ganz und gar sympathisches. Ein wenig schrullig, ein wenig versonnen, aber durch und durch harmlos.

Das gebräuchlichste ausgewanderte Wort ist ausgerechnet »Butterbrot«. Na, wenn es weiter nichts ist, mit was uns die Welt in Verbindung bringt.

Gesundheit: Amerika – gilt feiner als »bless you«
Mannschaft: Frankreich – Synonym für die deutsche Nationalelf
nusu kapu: Kiswahili – Narkose (»nusu« bedeutet so viel wie »halb«, ergo ist man bei der Narkose halb kaputt)
Oom pah pah: Australien – Bezeichnung für die »Humtata«-Musik
Poltergeist: Portugal – für unerklärliche Phänomene
Strudel: hebräisch – für das @-Zeichen, weil es aussieht, wie ein eingerollter Strudelteig
Zeitnot: Russland – für Zuspätkommen und Hetze
Rollmops: Frankreich
Extraprimagut: Griechenland – nicht zu übertreffen
Blumenkohl: Indonesien
Luft: Serbien – Freizeit, leerer Platz

Fröbelen: Niederlande – basteln (nach dem deutschen Pädagogen Friedrich Fröbel)
Fahrvergnügen: Amerika
Trinkgeld: Tschechien
Schneespur (shupuuru): Japan
Haymatlos (heimatlos): Türkei – bedeutet entwurzelt
Kuchen: Chile
Schadenfreude: England
Kaffeepausi: Finnland
Aberjetzte: in den ehemaligen deutschen Kolonien in Afrika – Spitznamen für »Deutsche«
Okay: dieser Begriff stammt aus dem Verlagswesen – o. k. am Rand bedeutete: ohne Korrekturen

Ein eigenes Kapitel

50 Drittes Reich

»Die Deutschen werden den Juden Auschwitz niemals verzeihen«, diese Zuspitzung, die von dem israelischen Psychoanalytiker Zwi Rex stammen soll, macht deutlich, dass wir Deutschen noch lange nicht fertig sind mit der Aufbereitung unserer eigenen Geschichte, mit dem Begreifen unserer Schuld, mit der Monstrosität. Und es wahrscheinlich auch niemals werden.

Dieses Buch ist und kann nicht der Rahmen für eine historische, ernsthafte, fundierte Debatte über den Nationalsozialismus sein. Gleichwohl gehört dieses Thema so untrennbar zu unserer Geschichte, dass sich selbst Kleinlektürschreiber nicht hinter der Größe des Themas verstecken dürfen. Der Holocaust, seine Ursachen, seine Folgen werden immer Teil unserer deutschen Identität sein.

Wie sehr der Antisemitismus nicht ein historisches Phänomen, sondern vielmehr Teil unserer aktuellen Alltagskultur ist, kann man immer dann beobachten, wenn sich Politiker, Prominente, Möchtegernöffentliche aus der Deckung wagen und Dinge sagen, die sie im Medienseminar »So benehme ich mich in Deutschland, wenn meine Gedanken publiziert werden« um die Ohren gehauen bekämen.

Die vor einigen Jahren populäre Nachrichtensprecherin Eva Herman tat vieles, um das totale Unverständnis der Deutschen auf sich zu ziehen. So trat sie in Talkshows als Stillpäpstin auf, die die These vertritt, dass auch dreijährige Kinder ein Recht auf Mamis Brust haben. 90 Prozent aller Frauen stillen aber ihre Kinder nicht länger als sechs Monate – dementsprechend war die Reaktion.

Dann fand sie, dass die Frau – und die deutsche besonders – eigentlich besser bei Herd, Kind und Köter aufgehoben sei als in der bösen, harten Arbeitswelt. War auch nicht so sympathieträchtig, der Plan. Immerhin: Sie durfte weiter in Talkshows am Wasserglas nippen und die Moralisch-Intellektuelle geben. Ich meine: Frau Herman!

Richtig übel wurde es aber, als sie eben diese These verteidigte mit der Logik, im Dritten Reich wären die Frauen für diese Familienfreundlichkeit geehrt worden.

Abgesehen davon, dass Frau Herman im Geschichtsunterricht nicht so ganz bei der Sache war – es war nämlich die Biedermeierzeit, in der die Werte der Familie hochgehalten wurden, und nicht die arische Bruthennenzeit des Nationalsozialismus –, abgesehen davon, dass Frau Herman ein Leben führt, das sie zeitgleich auflagenstark geißelt – berufstätig, dreimal geschieden, Einzelkind –, abgesehen davon, gibt es für uns Deutsche wirklich nur ein Argument, das sie schlagartig ins Universum der Nichtbeachtung katapultiert: Im Dritten Reich war nicht alles schlimm.

Nein, klar, auch die Hölle hat Vorteile: Man friert nicht, und wer unter Höhenphobie leidet, muss dort keine Angst haben.

Wer als Deutscher in einem Vervielfältigungsmedium Gedanken wie »es war nicht so schlimm«, »die Juden hatten auch Schuld« oder Vergleiche jeder Art benutzt – fliegt. Ohne je eine Chance auf Wiedereinstellung zu haben.

In den achtziger Jahren hat der damalige Bundestagspräsident Philipp-Hariolf Jenninger die Novemberpogrome gegeißelt. Er tat dies in einer denkwürdigen Rede im deutschen Bundestag und sprach dort vom »Faszinosum Nationalsozialismus«. Nur für diese in der Rede nicht ausreichend empathisch-distanzierte Beschreibung trat er aufgrund massiver Proteste am 11. November zurück und verschwand für immer von der öffentlichen Bühne. Später übernahm der damalige Vorsitzende des Zentralrates der Juden, Ignatz Bubis Teile aus Jenningers Rede, um deutlich zu machen: Inhaltlich war sie richtig, nur rhetorisch grottenschlecht vorgetragen.

Die Bundesjustizministerin Herta Däubler-Gmelin, weit entfernt davon, in irgendeine rechte Ecke gestellt werden zu können, verhaspelte sich auf einem Bundestagswahlkampftermin und verglich indirekt den amerikanischen Präsidenten Georg W. Bush mit Hitler. Ein zufällig anwesender Lokaljournalist berichtete von diesem Nebensatz. Das SPD-Mitglied Däubler-Gmelin schied am 22. Oktober 2002 aus der Bundesregierung aus.

Auch dem viele Jahre im Mediengeschäft äußert charmant und professionell agierenden Liberalen Jürgen W. Möllemann wurde eine eher singuläre Entgleisung auf den ebenfalls mediengeilen Michel Friedman zum Verhängnis. Möllemann hatte erklärt, Friedman produziere mit seiner arroganten Art Antisemitismus: Das war der Die-Juden-sind-selbst-schuld-Fauxpas.

Zu schreiben, dieser Satz – plus Steuerhinterziehung – brach ihm das Genick, ist zynisch und wahr. Jürgen W. Möllemann starb am 5. Juni 2003 an den Folgen eines Fallschirmabsturzes, bei dem Haupt- und Reservefallschirm nicht geöffnet wurden.

Mit der Aufbereitung des Nationalsozialismus in Deutschland ist es ähnlich wie bei dem von Paul Watzlawick beschriebenen Gefangenendilemma: Zwei Gefangene werden verdächtigt, eine Straftat begangen zu haben, ohne dass die Staatsanwaltschaft sie ihnen nachweisen kann. Sie werden getrennt eingesperrt, und es wird ihnen folgender Deal angeboten: Wenn einer von beiden die Tat gesteht, gilt er als Kronzeuge und geht straffrei aus dem Verfahren heraus – sein Komplize muss fünf Jahre absitzen. Schweigen beide, reicht es nur für eine Verurteilung aufgrund von Indizien, und sie müssen zwei Jahre hinter Gitter. Gestehen beide, bekommen sie beide vier Jahre reguläre Strafzeit. Wofür entscheiden sich die Verdächtigen? Jeder der beiden muss denken: Was tue ich, weil ich denke, dass der andere denkt?

Ähnlich ist es mit der Debatte um das Dritte Reich: Überspringe ich in meinem Buch – aus Respekt vor dem Thema, den Opfern und der unfasslichen Monstrosität – dieses Kapitel, wird mir (zu Recht?) vorgeworfen, das wichtigste und unschönste Kapitel der deutschen Geschichte zu verschweigen. Ist das schon *grenzend antisemitisch*? Wenn man die eigene Schuld einfach nicht thematisieren will?

Thematisiere ich aber das Kapitel, kann ich aber fast auf vorhersehbare Weise das Thema nur bagatellisieren. Es steht zwischen Boris Becker und der deutschen Tugend Pünktlichkeit. Grenzt das schon an Antisemitismus? Wenn man die eigene Schuld kleinredet?

Dieses Dilemma begleitet uns Deutsche so lange, wie wir und die Welt uns an den Holocaust erinnern. Wahrscheinlich ist es das einzige, was wir Nach-45-Geborenen an Sühne anbieten können.

Dank

»Mut zur Lücke« war das Motto dieses Buches, und ich fürchte auch bei der Danksagung werde ich Lückenmut beweisen müssen.

Ein paar Namen will ich trotzdem erwähnen. Da ist zuallererst meine Lektorin zu nennen: Beate Koglin, die die leise Kunst beherrschte, nicht-drängelnd zu drängeln, nicht-belehrend zu belehren und nicht-fordernd zu fordern. Chapeau!

Markus Karsten vom Westend Verlag gebührt ebenfalls eine eigene Erwähnung, weil er mich im neunten Monat meiner Schwangerschaft fragte, ob ich ein Buch schreiben wolle, und recht entspannt reagierte, als er hörte, dass zu Hause noch ein zweiter Kobold wartete. Arbeitsessen, Buchbesprechungen, Manuskriptarbeit: Alles fand unter unkonventionellen Bedingungen statt – dafür danke!

Sabine, Marion, Silja, Chantalle, Manja, Barbara, Stephanie, Christiane, Michi, Siegrid, Nicola, Stephan, Martin, Lukas, Hans haben kleine, feine Ideen beigesteuert.

Und schließlich danke ich meinem Mann, der in der Zeit des Schreibens mein liebster Lakai, Babysitter, Seelsorger und konstruktiver Reich-Ranicki war. Durch ihn ist so mancher sprachlicher und gedanklicher Lapsus vermieden worden, die Kinder bekamen Brei, aber ihre Mutter keinen Nervenzusammenbruch. Matthias, beneide mich um dich!